科学外史 II

江晓原——著

JIANG XIAOYUAN

AN ALTERNATIVE HISTORY OF SCIENCE

上海人民出版社

江晓原 上海交通大学讲席教授，科学史与科学文化研究院首任院长。1982年毕业于南京大学天体物理专业，1988年毕业于中国科学院，中国第一个天文学史专业博士。1994年中国科学院破格晋升教授。1999年在上海交通大学创建中国第一个科学史系。已在国内外出版著作约百种，发表学术论文约两百篇，并长期在京沪报刊开设个人专栏，发表大量书评、影评及文化评论。学术思想在国内外受到高度评价并引起广泛反响，新华社曾三次为他播发全球通稿。

目　录

自　序

本来我以为，《科学外史》只能是小众图书，聊供少数同好把玩把玩而已，所以当贺圣遂先生提议将我在《新发现》杂志上的专栏文章结集出版时，我还私下暗想"这样的书送送朋友倒挺好"。没想到《科学外史》出版之后，不过半年多时间，居然迭邀虚誉，已经获得至少七项荣誉，包括首届（2013）年度"中国好书"、第十三届上海图书奖一等奖等。这完全出我意料之外。

现在这本《科学外史Ⅱ》，也许有读者会以为，是不是和电影得了奖或有了票房之后就拍续集那样，出版社和我看见《科学外史》得了奖，就乘势再出续集？其实并非如此。

事实上，我将《科学外史》定稿交给出版社时，《科学外史Ⅱ》已经在我电脑上编好了，时间恰好在一年之前。这种情形在电影行业也是有的，比如著名的《黑客帝国》三部曲，就是事先规划好的，只是推出时间有先后而已。按照我和出版社原先商定的计划，就是准备一年后再推出《科学外史Ⅱ》——这已经在《科学外史》的自序中明确预告了。由于这一年我继续在写《新发现》杂志上的"科学外史"专栏，所以这次编定

《科学外史 II》时，自然就在原稿上增加了 12 篇。

在《科学外史》入选年度"中国好书"之后，有些媒体为此前来采访，不止一家媒体的记者问过我这样的问题：听说您即将推出《科学外史 II》，请问它和《科学外史》有什么不同呢？

由于《科学外史 II》早已在我电脑上编好了，所以我可以很肯定地给出答复：

和《科学外史》相比，《科学外史 II》的思想性更强，论战色彩更浓，在当下某些争议问题上的立场更鲜明。

读者若垂顾本书正文，将发现事实正是如此。

现在回顾起来，当初将专栏取名"科学外史"，还真有些意想不到的好处。因为这个名字高度开放，可以容纳几乎一切与科学有关的事情、人物、概念，它允许作者在许许多多迥然不同的场景中随意跳转，选择话题，这非常有助于本书内容的多样性和趣味性。

我要感谢那些喜欢在《新发现》杂志上或我的新浪博客上阅读"科学外史"专栏文章的读者，他们的喜欢鼓励了我的写作，有时还能激发我的灵感。

江晓原

2014 年 5 月 21 日

于上海交通大学科学史与科学文化研究院

科学之名

1835年的月亮：一场可喜的骗局

一场精心策划的科学骗局

1834年1月，英国天文学家约翰·赫歇耳（John Herschel，1792—1871年）赴南非好望角建造了一座天文台，准备对整个南天星空进行观测。由于约翰成就卓著的父亲威廉·赫歇耳（Sir William Herschel，1738—1822年）已经奠定了赫歇耳家族在欧洲天文学界响当当的名头，小赫歇耳的这次远征观测在当时广为人知。

1835年8月21日（周五），纽约《太阳报》在第二版上刊登了一条不太起眼的简讯：天上的发现——来自爱丁堡的杂志报道——我们刚刚从这座城市一位著名的出版人处得知，小赫歇耳通过一架自制的大型望远镜，在好望角获得了一些非常奇妙的天文发现。几天后《太阳报》头版以连载方式刊登了一篇长文，它的大标题非常醒目：约翰·赫歇耳先生在非洲好望角刚刚获得伟大的天文发现（来自《爱丁堡科学杂志副刊》）。

文章开篇，列出了赫歇耳"显然是利用基于新原理之上制成的广角望远镜，所获得的多项有冲击力的天文学新发现"。这些惊人的新发现包括："从太阳系的每一颗行星上都获得了

非凡的发现；给出了一种全新的彗星解释理论；发现了其他太阳系行星；解决修正了数理天文学上几乎每一个重要难题。"而其中最令人震惊的成果，莫过于赫歇耳"用望远镜把月亮上的物体拉近到类似我们看一百码之外的物体那么近，确切无疑地解决了地球这颗卫星是否适宜居住的问题"。接下去很长的篇幅，主要是对赫歇耳"直径达 24 英尺、重达 15 000 磅、放大倍数为 42 000 倍"的望远镜的详细介绍。

经过这样一番精心铺垫之后，读者终于看到了赫歇耳用巨型望远镜从月亮表面获得的惊人发现：1835 年 1 月 10 日晚上，当他把望远镜指向月亮时，他看到了各种月亮植被和成群结队的棕色四足动物。

从 8 月 27 日起，《太阳报》对赫歇耳的月亮新发现进行了四天的连载，其中 8 月 28 日这天刊载的内容将整个事件推向高潮：赫歇耳在月亮上看到了有智慧的生命。文章对这些月球智慧生物的外貌特征进行了详细的描绘，其中特别提到，它们最令人惊讶的地方是"长着像蝙蝠一样的翅膀"，而且在水中的时候，它们很敏捷地把翅膀全部打开，出水的时候，它们会像鸭子一样抖落水滴，然后很快收拢闭合。

好奇心被撩拨起来的大多数读者，注意力已完全被月亮新发现的内容所吸引，根本没想到要去辨识真伪。一种广为流传的说法是，甚至连耶鲁大学的几位天文学教授也上当了。著名作家爱伦·坡（Allan Poe）后来回忆起"月亮骗局"时也提到，弗吉尼亚学院的一位资深数学教授很严肃地告诉他，自己

1835 年纽约《太阳报》上刊登的所谓"月亮上的智慧生物"的图片。图中呈现的细节与该报 8 月 28 日的
报道内容丝丝入扣

对整个事件一点都不怀疑。

骗局的结果出人意料

仅在一周内，《太阳报》凭借"月亮新发现"就蹿升为美国报界的一颗新星。"月亮故事"甚至成为报业发展史上具有里程碑意义的事件。8 月 28 日刊登的那篇描写赫歇耳观测到"像蝙蝠一样的月亮人"的文章，使《太阳报》当天的总发行量达到 19 360 份——当时声名显赫的《泰晤士报》(*The Times*)当天的总发行量也只有 17 000 份。

《太阳报》获得巨大成功，它的竞争对手们也不得不纷纷不同程度地跟进。一些报纸作了全文转载，发行量也随之大增。包括《泰晤士报》在内的一些报纸也先后发表评论文章，认为《太阳报》所登载的月亮新发现"有可能是真实的"。

正在此时，《太阳报》一位名叫洛克（R. A. Locke）的记者，向朋友透露了整件事情的秘密，说所谓的月亮新发现，除约翰·赫歇耳正在南非进行观测确有其事之外，其他内容纯属子虚乌有，全出自他本人笔下。此事很快被曝光为一场骗局。

两周后的 9 月 16 日，《太阳报》刊登了一篇文章对此进行回应。文章表示：大多数人对整个故事表示赞赏，他们不仅乐意称它为智慧和天才的杰作，而且也乐见其所产生的积极效果，它把公众的注意力"从苦涩的现实中，从废奴的争斗中，稍稍解脱出来了一会儿"。对于所造成的"误解"，文章辩解说，虚构的月亮新发现可以被解读为"一个机智的小故事"，或是"对国家政治出版机构以及各种党派负责人令人厌恶的行为的一种嘲讽"。它拒绝承认这是一场骗局。文章中有一段在今天看来是意味深长的话:

> 许多明智的科学人士相信它是真实的,他们至死都会坚信这一点;而持怀疑态度的人们,即使让他们身处赫歇耳先生的天文台,也仍然是麻木不仁。

《太阳报》居然采用这样的方式来化解尴尬局面,而更令它的对手意想不到的是,公众在知道"月亮故事"是一场骗局后,却并不拒斥它——事实上这种戏剧性的情节反而更加刺激了公众的阅读热情。为了满足大众的需求,《太阳报》把"月亮故事"连载文章合编成一本小册子。小册子除了在美国国内畅销,还被翻译成各种语言,迅速在法国、德国、意大利、瑞典、西班牙、葡萄牙等欧洲国家传播开来。

科学只是现代大众媒体利用的资源

一场骗局为什么竟会产生如此戏剧性的后果呢?

首先,在今天看来绝对荒诞无稽的关于"月球智慧生物"的讨论,在当时却是许多科学界头面人物都在认真研讨的"科学课题"。例如,奥伯斯(H.W.Olbers)和格鲁伊图伊森(F. von Gruithuisen)都认为,有理性的生命居住在月亮上是非常有可能的;而著名的数学家高斯(Karl F. Gauss)甚

至设想了和"月亮居民"进行交流的具体方案，他认为"如果我们能和月亮上的邻居取得联系的话，这将比美洲大陆的发现要伟大得多"。这些讨论至少出现在《哲学年鉴》(*The Annals of Philosophy*)、《爱丁堡新哲学杂志》(*Edinburgh New Philosophical Journal*)之类的学术刊物上。

其次，那时的大众媒体，看来已经和今天完全一样——以娱乐公众为终极目的。在媒体眼中，科学只是供它们利用的资源之一而已，传播科学不是它们的义务，而只是它们的手段。所以"月亮故事"这样一场科学骗局，不仅没有受到公众的谴责，反而赢得公众的欢心，成为一场皆大欢喜的"多赢"喜剧。

当"月亮故事"如火如荼上演时，真正的"受害人"约翰·赫歇耳正在孜孜不倦地对整个南天星空进行观测。1838年他从好望角返回英国，出版了论著《1834—1838年间好望角天文观测结果》(*Results of Astronomical Observations Made During The Years 1834, 5, 6, 7, 8, at the Cape of Good Hope*)。在此期间他对"月亮故事"究竟持何种态度，长期以来一直没有人注意。直到2001年才有学者在赫歇耳家族的私人档案馆中找到小赫歇耳1836年8月21日写给伦敦《雅典娜神殿》(*The Athenaeum*)杂志的一封公开信，他在信中就"月亮故事"颇为无奈地表达了自己所处的尴尬境地。

但不知何故，赫歇耳最终却没有把信寄出。

也许，他并不反对让自己的名字继续和这出喜剧联系在一起？

埃舍尔的画中有没有科学？

埃舍尔的画是什么画？

记得我第一次接触埃舍尔（M.C.Escher，1898—1972年）的画，是在20世纪70年代末80年代初。那时我还在南京大学念天体物理专业，有一天买了杨振宁写的一本小书《基本粒子发现简史》(上海科学技术出版社，1963年第1版，1979年第2次印刷，全书68页，定价0.35元人民币)，书的封面上和内文中都用了一幅埃舍尔的画——后来我知道那幅画题为《骑士》，埃舍尔作于1946年。杨振宁在前言中说："图39的骑士图是爱许儿（当时中译者给埃舍尔的译名）先生画的，我深深地感谢他允许我采用这张图。"

《基本粒子发现简史》中文版第1次印刷是在1963年，所以中国读者至少在1963年就有机会在中文读物上见到埃舍尔的画了。尽管当时许多人并不知道这位"爱许儿"是何许人也，只是觉得他的画别出心裁、耐人寻味。

改革开放之初，出现了"走向未来丛书"中的《GEB：一条永恒的金带》(四川人民出版社，1984年)一书，逐渐有

1957年作品《骑士》。"镜像与反转"是埃舍尔常用的绘画手法。杨振宁著作中选用的作品与此幅作品类似，但作于1946年

较多的中国读者知道埃舍尔的画了。等到上面这本书的全译本，美国人侯世达（D. R. Hofstadter）的《哥德尔、埃舍尔、巴赫——集异璧之大成》（G、E、B 是该三人姓氏的首字母），由商务印书馆出版，已经是 1996 年了。中国读者大多只是觉得埃舍尔这些画挺怪、挺有趣，但是要深入阐发这些画的蕴意，以及相关的思想背景，阅读《集异璧》又有点不那么直奔主题。

埃舍尔画的到底是什么呢？他到底想在画中表达什么呢？对于普遍"热爱科学"的当代中国公众来说，由于他的画最初出现在杨振宁的物理学书籍中，这就形成了某种类似微分方程的"初始条件"——他的画被认为与科学有关。

埃舍尔其实是无法归类的艺术家。有整整十年，当时主流的西方艺术评论几乎对他不屑一顾，这种状况到 20 世纪 50 年代以后才开始改变。不过，埃舍尔似乎并不是很愿意置身于艺术家的行列——他认为，艺术家追求的是美，而他追求的"首先是惊奇"。所以他有一句名言："惊奇是大地之盐。"这惊奇，不仅是要让读者看他的作品时感到惊奇，更重要的是他本人在观察、思考中所感受到的惊奇。他用他的作品来表现这些惊奇。

数学家是埃舍尔的第一批崇拜者

在埃舍尔的画中，可以读出许多东西，而且可以见仁见智。

　　埃舍尔的画最容易给读者留下深刻印象的，似乎是那些
"不可能"的结构或景象；但实际上，他还在透视、反射、周
期性平面分割、表现立体与平面、表现"无穷"概念、正多面
体、默比乌斯带等方面，都作了大量探索；而这些都与数学、
几何、光学等有关。他那些不可思议的、布满玄机的佳作，如
《高与低》、《凸与凹》、《昼与夜》、《上升与下降》、《阶梯宫》、
《观景楼》、《瀑布》、《画廊》、《圆极限 Ⅲ》等，都不是率尔之
作。他创造这些奇妙的作品时，往往事先要做大量研究和探
索，他留下来的大量设计草图可以证明这一点。联想到国内有
些当代绘画作品，望之如鬼画符，却硬题上一个和现代科学相
关的标题，就被某些人士吹捧为"科学与艺术的结合"，其实
这只是穿凿附会而已。倒是在埃舍尔的作品中，我们才真正有
可能看到科学与艺术的结合。

　　侯世达曾说："数学家属于埃舍尔作品的第一批崇拜者，
这是不难理解的，因为他的画经常是建立在对称或模式等这类
数学原理上的。"他特别强调了埃舍尔对"怪圈"的兴趣，比
如《上升与下降》、《瀑布》、《画手》、《画廊》等作品中，侯世
达都看到了"怪圈"的存在，或者说都是埃舍尔对"怪圈"的
不同表现。其实埃舍尔画中这种侯世达所说的"怪圈"，显然
与默比乌斯带有着直接关系。

　　要想比较快捷地理解埃舍尔，恐怕最实用的是布鲁诺·恩
斯特的《魔镜——埃舍尔的不可能世界》（上海科技教育出版
社，2002 年）一书。这是迄今所见对埃舍尔绘画最好——或

者说最接近埃舍尔本意——的解说。但是每个读者都可以从埃舍尔的画中读出自己的收获。

埃舍尔自己不认为他的画中有科学

关于埃舍尔作品与科学的关系，我们今天除了直接从作品中分析和猜测，还有埃舍尔自己对这个问题的说法。这里面可能还是有一点文章的。

按照布鲁诺·恩斯特在《魔镜》中的说法，有时似乎是一些"暗合"。例如，在周期性平面分割上，对适当的图案进行自我复制，有平移、旋转、反射、滑移反射等，总共可以有17种操作。令人惊奇的是，埃舍尔在没有借助任何相关数学知识的情况下，居然将这17种操作全部发现了！

又如，数学家认为他在那幅题为《画廊》的画中表现了黎曼曲面，但他自己却不知道，也不愿意承认，他自述说：

> 两位博学的先生，范·丹齐格教授和范·韦恩加登教授，曾想说服我，我（在《画廊》中）所画的是黎曼曲面，但他们没有成功。……我对什么黎曼一窍不通，对理论数学也一无所知，更不用说非欧几何了。

当然，我们也可以不相信埃舍尔上面这段话，认为他只是"英雄欺人"而已。因为我们确实能找到类似的例子，例如他曾说：

科　学　外　史 II

　　1960 年，一位英国数学家（我已经记不起他的名字了）劝我作一幅表现默比乌斯带的版画，而那时我对这个东西还几乎一无所知。

　　然而布鲁诺·恩斯特指出，埃舍尔早在 1946 年的《骑士》和 1956 年的《天鹅》中，"就已经采用了一些有着重要拓扑学价值的形象，而且与默比乌斯带有着很近的关系"，所以对埃舍尔上面的话不必太当真。埃舍尔后来也确实创作了题为《默比乌斯带》和《默比乌斯带 II》的作品。

　　我们不妨遐想：如果埃舍尔年轻时有机会接受更多数理科学的训练，那他的作品会不会更上层楼、更添异彩？抑或科学训练会将他的想象力扼杀殆尽？如果今天某个受过物理学或数学高等教育的年轻人，投身艺术，尝试沿着埃舍尔的道路前进，会不会别开生面，为世人带来更大的惊奇呢？这让我想起影片《玫瑰之名》（The Name of the Rose，1986）的导演阿诺德（J. Annaud）有一次兴致勃勃地讲过的一则八卦：

　　电影是根据艾柯（Umberto Eco）的同名小说改编的，阿诺德一直思考着如何在电影中表现小说中那座迷宫图书馆，他感觉那迷宫大约有一百个房间。一天他和艾柯在艾柯住所共进晚餐，就问艾柯："你觉得小说中那迷宫该有多少房间？"艾柯说大约一百个吧。阿诺德就问：它们在同一层面上吗？艾柯先脱口说"是的"，接着忽然大叫起来："天哪！它不是一座塔

14

1955 年作品《凸与四》。"不可能的空间结构"是埃舍尔绘画中经常出现的鲜明特色之一

1938 年作品《天与水·Ⅰ》。"渐变"是埃舍尔绘画中常用的手法之一，他经常让事物甲匪夷所思地渐变至事物乙

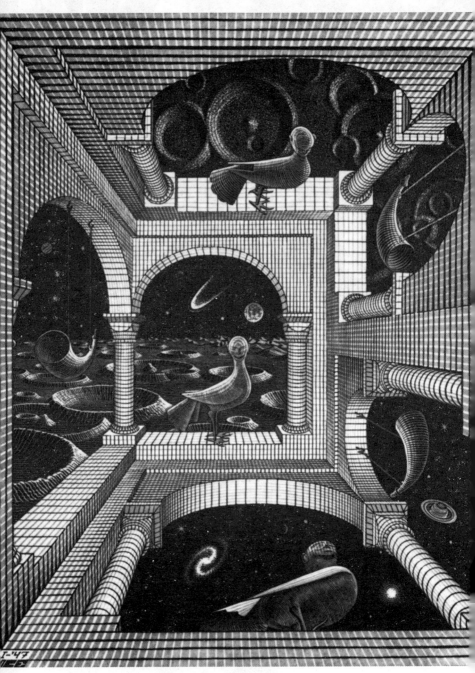

1947 年作品《另一个世界》。此幅作品亦呈现了"不可能的空间结构"

楼!"阿诺德说:"它只是一张大比萨!"艾柯立刻跑进他的书房,拿来两册书,一册是比拉内西的《监狱》,另一册就是埃舍尔的《楼梯》,两人就开始构建起影片中那座塔楼里的迷宫图书馆来。

后来影片中反复出现那座中世纪修道院塔楼的阴森远景,而修道院内部出现了许多埃舍尔风格的场景,特别是那些奇异而怪诞的楼梯,很容易让人联想到埃舍尔的版画《凸与凹》。当然,在电影中表现这些东西,想来要比在绘画中容易得多。

最后我的结论是:不管埃舍尔自己承不承认,他的画中确实有科学。

概率论在彩票游戏中帮助谁？

纸媒和互联网上彩票信息的不同

有数十家纸质的报纸和杂志多年来一直好心地赠送给我阅读，我当然也可以在家上网，因而我得以坐在书房里就轻易感受到它们的变化。近十多年来，我发现至少在一件事情上，纸媒有明显的进步，而互联网几乎没有——如果不是更加堕落的话。这件事情就是关于彩票的信息。

你在互联网上能够看到的关于彩票的信息，那真是汗牛充栋，其中绝大部分——我相信在99%以上——都是关于中奖预测、规则指导、大奖奇迹之类。如果你想找关于彩票本质、彩票可能带来的危害、有关人士对彩票购买者的规劝等，那几乎找不到。十几年前我曾用了一番披沙拣金的工夫，还找到过几条，这次反而找不到了。这也难怪，现在互联网上的垃圾比十几年前又不知增加了多少倍。这就是互联网上关于彩票信息的现状：极少数有益有用的信息被彻底淹没在无数有害无用的信息之中，更不用说近年来还增加了不少专门从事彩票欺诈的网站。

纸媒的情形则不是这样。十多年前，也曾有越来越多的报纸开辟彩票及其中奖预测的专栏和专版，一度如火如荼。当时"彩民"一词成为报纸上天天见到的词汇。当年某些"有识之士"看到股民增多，曾经忧心如焚，担心"全民炒股不正常"，但眼见"彩民"之多远甚于股民，博彩的投机色彩又远甚于炒股，"全民博彩"难道不是更不正常吗？却不见他们忧心如焚。而肩负着正确引导公众之神圣职责的报纸，不为此忧心如焚也就罢了，竟还推波助澜，天天连篇累牍地刊登彩票中奖号码预测。但是十几年后的今天，同样是这些报纸，关于彩票的专版、专栏早已消失，除了偶尔有关于大奖的报道（通常在社会新闻之类的版面），关于彩票的消息几乎绝迹。

但是，为什么我要将纸媒上的这一变化称为"进步"呢？

独立随机事件：概率论不会帮助彩票购买者

因为那些关于彩票的信息，绝大部分都是明显违背科学常识、误导公众、欺骗公众的。其中最容易蛊惑公众的一点，就是将彩票中奖与概率论联系在一起。

许多人会说，对呀，概率论的诞生不就是和赌博联系在一起的吗？彩票中奖不就是概率事件吗？用概率论知识来预测彩票中奖不是很有道理吗？

前面两句是对的，可惜最要紧的第三句是错的。

是的，概率论确实和彩票有关，但它只能帮助彩票设计者和发行者——帮助他们将彩票规则设计成对发行者来说稳赚不

赔，却完全不能帮助彩票的购买者中奖。

几乎所有对彩票中奖号码的所谓"预测"，都是建立在这样的推理之上：在某种规则的抽奖活动中，某个号码中奖的概率既然可以借助概率论推算出来（这确实如此），那么此种规则的抽奖举行若干次之后，就可以根据已抽出的中奖号码的分布情况，推测未来中奖号码的分布情况。有些被北京大学刘华杰教授斥为"假知识分子"的人，天天装模作样地为"广大彩民"进行预测。且看两段涵盖了常见"预测"基本套路的典型标本，见某报 2001 年 5 月 15 日第 10 版：

概率学专家××：近期各大区域分布疏密不均，14—32区出数相对较弱，另 36 区也应关注。近期选号偏重中心区域，应尽量考虑 20—26 区段。

彩票专家××：从九宫幸运号码图可见上两期的走势图，2 宫近期出球偏少，特别是 11 和 29 号码，本期应是重点；5 宫二期未出，本期也应重点关注；另斜线上的号码，前期出 2个，上期出 3 个，在 39 期仍会有 3—5 个左右；2001 年第 39期按九宫定位法确定号码为……

注意这里"概率学专家"的推理逻辑，是认为在某一时期中奖号码会相对集中于某些号码区域；而"彩票专家"的推理逻辑，是认为某些区域中的号码前期已经开过，后面再开的概率就会减少，这看上去倒更具"概率学"色彩。

然而，上述推理和逻辑都是完全错误的。

那些所谓的"概率学专家"，如果真的学过哪怕最基础的概率论课程，就应该知道概率论中最基本的概念之一"独立随机事件"。所谓"独立随机事件"，是一系列这样的事件：其中任何一次事件发生的概率，都与此前各事件的结果无关。因此，对于独立随机事件，借助已发生事件的结果来推测后来事件的概率是不可能的。而彩票抽奖（无论是所谓"机选"还是"人选"）恰恰是最典型的独立随机事件，每一次抽奖时中奖号码出现的概率，都与以往各次抽奖的结果完全无关——除非抽奖时有舞弊行为。

其实参加博彩非常简单，闭着眼睛任意买即可。每次开奖，每一号码中奖的概率都是一样的。根本用不着费时间、费金钱去"研究"什么预测——这样做只会增加博彩成本。事实上早就有彩票从业人员告诫过"广大彩民"：电脑彩票中奖号码没有任何规律可循，中奖完全是巧合，预测彩票中奖号码是不可能的。然而这样苦口婆心的告诫被淹没在无数关于如何预测幸运号码的喧嚣之中。

上面的结论，对于国内合法发行的两大彩票体系（福利彩票和体育彩票）的所有品种，都是成立的。

越是不该买彩票的人却越热衷于买

彩票在改革开放后的中国，已经有了二十多年历史，还出现了一些专门的研究机构（至少是有这样的"番号"），比如北

京大学中国公益彩票事业研究所、河南财经政法大学彩票研究所等。这些机构发表的一些调查和研究报告，反映了某些总体情形。在我看来，国内的"彩票事业"正处在荒谬的状况中。

彩票的本质是赌博。国家发行彩票，之所以合法，是因为这是以国家公权力垄断经营的赌博。这种行为在道德上的辩护路径，当然只能从发行彩票所得收益的用途上去寻找。例如，发行福利彩票是为了"扶老、助残、济困、救孤"，发行体育彩票是为了支持体育事业。财政部 2002 年发布的《彩票发行与销售管理暂行规定》称："彩票是国家为支持社会公益事业而特许专门机构垄断发行，供人们自愿选择和购买。"这就是说，你购买彩票，本质上就是对公益事业的捐助。只不过这种捐助会有"可能的回报"——中奖。

本来呢，谁更应该捐助公益事业？当然是社会上的高收入阶层，他们有能力也有义务更多地捐助公益事业。但是上述研究机构所发表的各种报告，一致指出国内彩票购买者的主体是中低收入阶层。有的报告还指出，彩票销售在经济文化相对落后的西部反而比中部好；而东部发达地区的彩票，则主要是由来自西部和中部的打工者购买的。这些购买者收入本来就低，还要额外支出去博彩（捐助公益事业），不是有点"损不足以奉有余"了吗？至于那些有钱人，则很少购买彩票，他们如果想捐助公益事业，就直接参加慈善活动了。

根据目前的一般情况，低收入阶层同时也是受教育程度较低的阶层，所以更容易受到网上有害信息的误导。这些有害信息或是极力渲染某某人中大奖的奇迹，为低收入者描绘一夜暴富的梦境；或是将纯粹是赌博行为的博彩美化成"投资"，并引诱他们耗费时间和金钱去购买"研究材料"，进一步增加他们的赌博成本。

目前国内的"彩民"人数，据估计已达一亿人左右，而最近三年国内彩票发行数额大幅增长（年增长 20%—30%），这样下去，恐非社会之福。

智商测试之前世今生

智商测试不纯洁的血统

在国外流行多年的智商测试，前些年在中国的情形似乎与美国还有相当大的差异。在美国，入学、求职之类的事情，都可能面临智商测试，所以五花八门的"智商培训"之类的"班"在美国也很多。而在中国的许多杂志上，类似的测试虽然也经常可见，不过那通常还只是让读者做着玩玩的，不会当真影响一个人的实际状况。在中国好像也还较少见到"智商培训"之类的玩意。但智商测试近年已经逐渐在中国流行起来，媒体上甚至出现了这样的报道：小伙子将智商测试成绩作为向女友求婚的"新三件"之一。有些苦于孩子学习成绩上不去的家长，也会忧心忡忡地带着孩子去做智商测试。各种迹象表明，我们在这件事情上好像又很快要完成"与国际接轨"了。

追根溯源，智商测试已有百余年历史，不过它的"血统"却是不大纯洁，甚至还隐隐透出某些邪恶的色彩。

智商测试的理论发端于高尔顿（Francis Galton），此人是达尔文的表兄，但他的名字主要是和后来被普遍认为"政治不正确"（甚至可以说是臭名昭著）的优生学联系在一起。1869年高尔顿出版《天赋遗传》(*Hereditary Genius：an Inquiry into its Laws and Consequences*) 一书，主张人的才能可以遗传。在1884年的伦敦国际健康博览会上，高尔顿搞了一个摊位，打出"人体测量实验室"的招牌，替人进行测量和测试，据说颇受欢迎，有的人还主动付钱给他，这或许可以视为现代智商测试的嚆矢。事实上，智商测试与优生学之间有着千丝万缕的联系。高尔顿晚年正值中国的辛亥革命前后，他仍孜孜不倦地在各种公开场合演讲并发表文章，继续鼓吹优生学。他的学说也得到过若干名流的赞同和欣赏，例如著名科幻作家威尔斯（H. G. Wells）、著名剧作家萧伯纳（G. Bernard Shaw）等。

19、20世纪之交，法国人宾尼特（Alfred Binet）成为现代智力测试的奠基者。19世纪80年代晚期，宾尼特研究他两个未满五岁的女儿，发表了三篇文章，成为智力测试领域的奠基性文献。宾尼特对人的智力进行分等，正好迎合了当时美国的需要——例如大量移民的涌入使得当局急需甄别申请入境的移民是否"弱智"。所以智力测试的理论虽然发端于英国人，奠基于法国人，但它却在新大陆最先找到了大行其道的土壤。戈达德（H. H. Goddard）在美国大力推行宾尼特的方法，美国的公立学校从1910年开始对学生应用智力测试，这似乎象征着智力测试开始获得正式地位。

智商测试的伦理问题和理论缺陷

　　智商测试必然牵涉到伦理道德问题，而且难以解决。例如，美国和其他一些国家，都曾经有过允许对白痴或"智障者"进行强制绝育手术的法律。1933 年，纳粹在德国掌权之后，很快颁布了《预防遗传性疾病扩散法》（*Law for the Prevention of Offspring with Hereditary Diseases*）。该法完全就是美国优生学家劳克林（H. Laughlin）提出的绝育法的翻版，劳克林为此沾沾自喜地表示："德国该法律的文本与美国绝育法范本几乎一模一样。"此后纳粹德国变本加厉地推行这方面的法律和政策，到第二次世界大战结束时，纳粹当局在第三帝国的领土内对 40 万人实施了强制绝育，这比在其他所有国家中完成的同类手术总数还多。这种对"智障者"强制绝育的法律和政策，很容易引导到对智商测试本身的质疑：凭什么可以判定一个人是"智障"？

　　其实智商测试作为一门所谓的"科学"，它从一开始就存在着理论上的致命问题。早在 1912 年的《教育心理学杂志》（*Journal of Educational Psychology*）上，已经有人写文章指出：无论是戈达德还是智力测试的其他奠基者，都没有思考过这个致命问题：如何定义"智力"？——如果对测试的对象没有定义，测试还有什么合理性？又有什么意义呢？

　　对于这个致命的理论问题，智商测试的先驱宾尼特本人心知肚明，他曾写道："如何定义智力是个可怕而复杂的问题，我们一直在尽最大努力避免触及它。"而为智力测试辩护的人则宣称：要求在测试智力之前先对"智力"作出完整的定义，这是"不讲道理"，因为"在完全认识电流之前很久，人类已经在测定它了"。从科学史的角度来看，这个辩解其实难以成立，人类在"完全认识电流"之前的测定，并不清楚自己是在测定电流——可能有点像哥伦布当年并不知道自己发现的是美洲新大陆那样，可是宾尼特等人却明明白白宣称自己在测试的就是"智力"。

如何看待现今的智商测试？

这里有两个层次的问题。本来，即使智商测试真的是"客观的"、"科学的"，应用时也必然带来伦理道德问题。例如智力测试与优生学捆绑在一起，为纳粹德国的种族清洗提供了理论支持，就是一段极不光彩的历史。而一旦认识到智商测试本身就是不严谨、不"科学"的，那应用它时的伦理道德问题立刻就更为严重起来了。

这使我想起前几年我指导的一位博士生，他曾在论文的初稿中写过这样两句我非常欣赏的话："有政治上正确的伪科学，也有政治上不正确的真科学。"可惜他在定稿中却删去了这两句话。如果要玩弄概念组合的游戏，我们当然还可以补充另外两句："有政治上正确的真科学，也有政治上不正确的伪科学"，这样就全面了。套用上述概念组合游戏，那么智商测试即使是"真科学"，应用起来也很容易陷入政治上不正确的状况，而倘若它其实是伪科学，那就更容易被视为"政治上不正确的伪科学"了。

如上所述，智商测试很难说是科学，更不是"精密科学"，如果将它归入"伪科学"之列，应该也不算太冤枉它。但如将此事彻底视为骗局，则又失之简单了。对于它在今天的流行，或许可以这样来理解：

只要社会处于资源相对短缺的状态中——人类社会至今仍处在这样的状态中，社会就总是需要各种各样的筛选机制，来帮助实施对有限社会资源的"公平"分配。举例来说，现代教育就是这样的筛选机制之一。为何发达社会总会无可避免地成为学历社会？就是因为现代教育中很大一部分内容其实已经背离了"塑造人格"、"培养技能"等的教育初衷，而演变成为进行"公平"筛选的机制。学校中为何要学许多在进入社会之后完全"无用"的知识？为何要考许多纯粹"整人"的题目？其实这些知识和题目并非完全无用，它们的实际用处，就是让一部分学生不及格或考不上，这样就可以帮助实施有限社会资源（比如中国当下的"985"高校录取名额）的相对比较公正的分配。

明白了上面的道理之后，再来看一个世纪以来日益流行的智商测试，就不难套用"存在的就是合理的"这样的哲学命题了。经过高尔顿、宾尼特、戈达德等人百年来的"不懈努力"，终于将智商测试打造成一门"科学"，并得到了社会的普遍认同，于是智商测试实际上就成为又一个相对"公平"的筛选机制。它和作为主要筛选机制的现代教育相伴而行，作为"教育筛选"的辅助手段，确实有着某种程度的合理性——尽管这种合理性并不存在于它自身理论所宣称的意义上。

冷核聚变：利益争夺中的迷局

物理学界罕见的争议事件

《自然》杂志（*Nature*）主编坎贝尔（P. Campbell）在为中英联合出版的《〈自然〉百年科学经典》写的序中，承认《自然》上曾经刊登的有些文章"不仅仅是错误的，而且简直算得上是臭名昭著"，而为了尽量保存历史真相，一部分这样的文章仍被选进了这部《〈自然〉百年科学经典》中。他举出的例子有关于"水的记忆"等文章。但在提到"冷核聚变"时，他的措辞变得较为平和：

本选集还收录了一些调查所谓氢的"冷核聚变"的文章，它们不仅在今天再现了20世纪80年代末那场尖锐的科学争论，而且在当时揭示那是一个错误实验（faulty experimentation）的过程中也发挥了重要作用。

所谓"冷核聚变"（cold fusion），自然是针对"热核聚变"而言的。

冷核聚变理论的两位合作者庞斯（左）和弗莱施曼（右）

核裂变能释放出巨大能量，这个过程最初被用来制造杀人武器原子弹，后来发展到可以控制这个过程，使之缓慢持续释放能量，总算可以有和平用途了，这就是今天争议相当激烈的核电技术。但是核聚变能释放出更大的能量，这个过程至今还只能用来制造更大规模的杀人武器——氢弹。科学家当然也想将核聚变过程控制起来，按照现有的技术路径，核聚变必须在高温高压的环境中才能进行，故这方面的研究统称为"热核聚变"。那种现在仍被有些科普作品描绘成最有希望的"托卡马克装置"（在强磁场约束中实现核聚变），也被归入热核聚变的范畴之内。热核聚变的研究通常需要投入巨资，并建造昂贵而庞大的设备。然而迄今为止还没有获得过任何成功。

但是"冷核聚变"则大大不同。它的基本概念是：可以设法在室温环境中实现核聚变（在某些特殊状态中已可做到）。而谁如果实现了具有商业价值的"冷核聚变"，他将得到难以想象的荣誉和财富，因为全球能源问题几乎将瞬间宣告解决。

1989年3月23日，惊人的消息传来，这件事竟然真的有人做成了！美国犹他大学的弗莱施曼（M. Fleischmann）和庞斯（S. Pons）向全世界宣布，他们成功地在室温条件下实现了持续的聚变反应。犹他大学校长在记者招待会上宣称：弗莱施曼和庞斯的发明可以和火、电及植物栽培相提并论。不出所料，这个消息震动了全球物理学界。在一片质疑声中，也出现了支持的证据——美国、意大利、苏联、匈牙利、印度等处的实验室，都一度宣称自己得到了能够证实弗莱施曼和庞斯的"冷核聚变"的实验结果。

但是，质疑愈演愈烈，仅仅过了两个月，"主流科学界"已经确信弗莱施曼和庞斯的"冷核聚变"只是一个错觉。弗、庞两人从红极一时转眼间置身于丑闻之中，被指控为"无能和欺骗"。

但是，不久又有人挺身而出支持他们。诺贝尔奖得主施温格（J. Schwinger）宣布退出美国物理学会，以抗议物理学界对弗、庞两人的不公平做法。麻省理工学院的"首席科学专栏作家"莫洛夫（E. Mallov）指控一些反对"冷核聚变"的科学家有欺骗行为，他辞去了职务，开始出版一种名为《无限能源》（*Infinite Energy*）的杂志，极力鼓吹"冷核聚变"。

二十多年后的今天，"冷核聚变"仍然是一件讲不清楚的

事情，它是欺诈吗？是错觉吗？是遭到打压的伟大发明吗？似乎都有可能。

弗、庞两人的实验为何得不到认可

上引坎贝尔谈论"冷核聚变"时的措辞是"错误实验"（faulty experimentation），这是一个相当有分寸的、就事论事的措辞，避免了对弗、庞两人行为动机的推测和评价。

弗莱施曼先前在物理学界曾经拥有良好声誉，在宣布他的"冷核聚变"之前几年，他刚刚当选为英国皇家学会会员。所以物理学界刚开始不可能不认真看待他的"冷核聚变"。况且他和庞斯所宣称的成功实验在理论上似乎也并非毫无依据。他们说是在给置于有浓缩氘的水中的金属钯棒通电之后发生了聚变，而金属钯确实有能大量吸收氢的奇特性质。再说"冷核聚变"也不是弗、庞两人首次提出的概念，它是物理学家一个长久的梦想，比如，就在弗、庞两人宣布"冷核聚变"成功之前不久，另一种冷核聚变设想，所谓的"μ子催化核聚变"，也曾让一部分物理学家激动万分。

弗、庞两人的实验之所以被许多人认定为骗局，现在看来主要有两个原因。

第一个原因是他们对自己的实验结果未能自圆其说。其中一个关键问题，是聚变时中子撞击水而释放出的γ射线应该在什么能量位置上。按照理论它应该在 2.22 兆电子伏特，但是弗、庞两人最初在会议上向物理学同行们显示的射线位置是 2.5 兆电子伏特，而且背景和光谱形状也不对。后来当他们的论文在《电子分析化学杂志》(*Journal of Electroanalytical Chemistry*) 上发表时，射线却又位于 2.22 兆电子伏特的正确位置上了。然而此后他们回应同行质疑时，射线的能量位置再次回到 2.5 兆电子伏特。这种状况让许多物理学家感到这两人的实验实在太不靠谱。

第二个原因更为致命，就是弗、庞两人宣称的实验结果别人无法重复。据统计，世界各地先后有约 1 000 个实验室重做过他们的实验，迄今没有任何一个实验室真正得到弗莱施曼和庞斯所报告的结果。

利益因素起了什么作用？

但是，弗、庞两人的"冷核聚变"实验既然别人无法重复，他们自己也难以自圆其说，为何仍有许多人坚定不移地支持他们呢？这确实是一个奇怪的现象。有一种解释是"冷核聚变"这个梦想实在太美好，"仅用科学是摧毁不了的"。这样的解释尽管也无懈可击，但终究显得有点太大而化之了。

如果从"利益"的角度去看问题，也许会得到更合理的解释。谁都知道，如今科学共同体同时也是一个利益共同体，且不说核聚变如果成功的话在未来的巨大商业利益，仅从当下研究项目来说，因为"热核聚变"是一种需要巨额资金和庞大设备的研究，所以在"主流科学界"的认可之下，"热核聚变"界长期享有巨额的科研经费。现在"冷核聚变"跑出来，又不

需要巨额经费和大型设备，如果这个方向得到认可，"热核聚变"界能够得到的科研经费必将大大减少。

有一种为打压"冷核聚变"辩护的理由是：无论如何，弗莱施曼和庞斯的"冷核聚变"终究没有成功嘛。但对这种理由的一个致命反驳是："热核聚变"研究的时间更长，已经花费了巨额科研经费，不是也没有成功吗？

另一方面，既然利益的因素是显而易见的，这就使得对"冷核聚变"的任何打压都有动机不纯之嫌。这也是一个非常麻烦的局面——即使"冷核聚变"真的在科学上是错误的，那由谁来判定这一点同时又能取信于民呢？由"主流科学界"来判定吗？这有动机不纯之嫌；由"主流科学界"之外的人来判定吗？那又"不专业"，同样难以取信于人。也许正是这种两难局面注定了"冷核聚变"是打不死的。

如今仍然不时有人宣称自己实现了"冷核聚变"（较新的一次是 2011 年 11 月一位意大利物理学家宣称的），而且已经有了一个"国际冷核聚变学会"（ICCF），每两年开一次研讨会。"冷核聚变"的梦想仍未破灭，谁知道会不会有一天梦想成真呢？

是回归"科普"原初目的的时候了

无可奈何花落去

至少近十年来，传统"科普"作品一直是许多出版社和媒体的鸡肋——似乎总要有这样一个种类，但如今几乎总是与"畅销"绝缘。有少数"叫好不叫座"的，虽受学者好评，但通常也不畅销，而且又几乎都是从国外引进的。

传统的"科普"理念有问题，而且如今问题正在越来越严重。

什么叫"科普"？因为科学是好东西，要普及给公众（我们甚至还有一部《科普法》）。因此"科普"有一个假定的前提，那就是凡是科学的东西就是正确的。传统"科普"以歌颂科学技术为己任，是跪倒在科学面前对科学盲目崇拜的。它是一种"科学高高在上，公众嗷嗷待哺"的单向灌输图景。

传统"科普"曾在18、19世纪呈现过不少令科学家陶醉的图景。那时会有贵妇人盛装打扮后，在夏夜坐在后花园的石凳上，虔诚地聆听天文学家指着星空向她们普及天文知识。……至少在19世纪，衣冠楚楚的听众还会坐在演讲厅里，

35

聆听科学家的演讲。这样的图景今天还可能重现吗？

我们几十年的传统"科普"已将科学弄成一个怪物：它既被尊奉为一个全知全能的神，同时却又被"普及"成一个粗俗之物——它已经不值得贵妇人为它盛装打扮了。

今天有些中老年人士每每感慨科普盛况不再，常喜欢拿当年《十万个为什么》如何畅销来说事，他们质问道：为什么我们今天的科普工作者不能再拿出那么优秀的作品来了？其实当年的《十万个为什么》到底算不算优秀，在今天看来是值得商榷的。事实上，如果将当年的《十万个为什么》和今天的同类书籍相比，后者信息更丰富，界面更亲切，早已比《十万个为什么》进步许多。当年的《十万个为什么》之所以创造了销售奇迹，是因为当时几乎没有任何同类作品，它客观上近于垄断状态。其实这种特殊机制下的奇迹在改革开放之前并不罕见。而今天国内的科普类杂志，能有几万份的销量就可以傲视群伦了。

所以近年不断有人追问：为何"科普"的路越走越窄？

新形势呼唤新理念

传统"科普"的困境，从更深的层次来思考，有几个非常重要的原因。

第一个，在以往一百年中，科学自己越来越远离公众。科学自身的发展使得分科越来越细，概念越来越抽象，结果越来越难以被公众理解。

第二个，公众受教育程度普遍提高，最基础的科学教育已经在学校教育中完成，就中国而言，对以《十万个为什么》为代表的传统"科普"作品的需求自然也就大大减少了。

第三个，科学在社会上的地位日益提高，科学家可以越来越轻易地获得社会资源，他们已经不再需要通过向公众普及科学知识来寻求赞助和争取社会资源了。科学共同体不再热心向公众普及科学知识，他们已经不屑让公众了解自己在干些什么。

所以基本上可以断言，传统的"科普"概念已经过时——它需要被超越，需要被包容进一个含义更广、层次更高的新理念之中。

以前曾有过一个"高级科普"的说法，主要是指写给那些受过高等教育、从事文化学术工作的人士阅读的"科普"书籍。但是"高级科普"这个说法实际上是换汤不换药的，因为它仍然在传统"科普"的陈旧理念框架之中。

面对新形势，我们需要新理念。这个新理念，我通常称之为"科学文化"，也有的学者称之为"科学传播"或"公众理解科学"，亦无不可。它除让公众了解科学技术（即传统"科普"的内容），还要让公众了解科学技术与社会、文化、历史等方面的关系，了解科学技术的负面作用，了解科学技术在未来的前景，包括可能带来的灾祸，以及我们应该怎样看待科学技术。

传统"科普"的理念是科学主义的，它对科学技术只有仰

视，是"无限热爱、无限崇拜"的，所以天然排斥一切对科学的质疑。

而被时代呼唤的新理念，在很大程度上是反科学主义的，它不再对科学仰视，不再对科学"无限热爱、无限崇拜"，而是力图正确地看待科学。新理念对科学技术本身，以及对科学技术的滥用，都保持着恰如其分的戒心。新理念还非常重视当代科学争议中的利益维度，对科学技术与商业的结合抱有高度警惕。

这里特别要指出，对于当下种种与科学技术有关的争议，利益维度经常是一个非常有用的思考路径。例如，在转基因作物争议中，主张推广转基因作物的，几乎全部是可以从这种推广中获得经济利益的集团或个人；而反对转基因作物的，通常都不可能从这种反对中获得经济利益。那么争议的两造谁更干净一些，谁更可信一些，就很容易看清楚。利益集团总是有意无意地在争议中回避或忽视利益维度，他们利用科学主义和传统"科普"的话语，竭力将各种伦理问题和利益之争转化成所谓"科学问题"，然后再以"科学权威"的身份将有利于他们自身的结论灌输给公众。

回归"科普"的原初目的

许多热心人士经常谈论"科普的振兴"。他们的用心当然是好的，但"振兴"之路安在呢？"全社会共同重视"、"政府加大投入"之类的老生常谈，我们已经听了好多年了，然而传统"科普"的困境依旧，而且愈演愈烈。

其实传统"科普"已经无需"振兴"，但如果我们还舍不得"科普"这个词汇，非要在给它注入新生命之后继续使用它，那我们必须回到"科普"的原初目的——我们必须搞清楚，我们究竟是为了什么才进行"科普"的？

对此问题，许多人会脱口而出：为了让广大人民群众更加了解科学呀，为了让青少年更加热爱科学呀，如此等等。

但是，错了！这些都不是"科普"的原初目的。"科普"的原初目的，应该是和科学的原初目的一致的——为了增进人类的福祉。

科学曾经取得无数激动人心的伟大进展，激起后人的景仰之情，所以我们以前一直将科学看成一个绝对美好的东西，从不考虑它的负面价值或影响，也不愿意考虑它被滥用可能带来的严重后果。按照我们以前朴素的想法，一个绝对美好的东西是不可能被滥用的——无论怎样使用它都只会带来更多更美好的后果。由此还产生了一个实际上未经推敲的推论：科学技术的发展永远是越快越好。

多年以来，科学技术的特快列车风驰电掣，我们乘坐在上面。开始我们确实是狂喜如同电影《泰坦尼克号》中那对在船头迎风展臂的青年男女。然而正是在这种狂喜中，我们迷失了"科普"的原初目的——既然科学技术那么美好，我们歌颂科学技术，增进科学技术的权威，就能够增进我们的福祉。久而久之，我们就不知不觉地用歌颂科学技术、增进科学权威取代

了"科普"的原初目的。

但是到了今天，科学技术已经不那么美好了。特别是当科学技术和商业利益紧密结合之后，它开始越来越多地扮演着资本的帮凶角色。我们逐渐发现，对于这列科学技术的特快列车，它的车速和行驶方向，我们实际上已经没有任何发言权了。我们只能茫然地坐在车中，窗外景物令人眼花缭乱，我们既不知列车驶向何方，也不知是谁在操控列车，只知道列车正在越开越快，而且没有任何人可以下车。

在这样的列车上，"科普"怎么还能继续迷失在对科学技术一味歌功颂德的状态中呢？如果我们同意回归"科普"的原初目的，那么它理所当然地应该担负起对科学技术进行监督、警示乃至批判的重任。

科 学 之 惑

那条"长尾"其实是虚幻的

——互联网与文化关系思考之一

一曲对魔鬼的新颂歌

未来的历史很可能会证明：互联网的问世，就是一个魔鬼从瓶子里被放出来了。这个魔鬼花了相当长的时间来等待自己长大成形，终于在21世纪到来的时候，它可以兴风作浪、呼风唤雨了。如今人类社会似乎已经被它劫持。

2004年的时候，一曲对这个魔鬼的新颂歌又唱响了，这就是所谓的"长尾理论"（The Long Tail）。这种理论认为，由于互联网的发展，无数曾经被人们冷落的商品，现在都可以起死回生，重新得到机会卖出了；而且这些冷落滞销商品的销售总数，据说可以大到与销量/品种曲线左端那20%畅销商品平起平坐的地步。

这个蛊惑人心的"长尾理论"，实际上还没有真正得到实践检验中的成功。因为曲线中的"长尾"所指示的只是销量，并不是利润，而只有利润才可以真正宣告一个商品的成功。互联网上低廉乃至近乎免费的广告宣传，固然有可能使得任何一种极度冷门的商品得到销售，但是这件商品怎样才会真正到达

科 学 外 史 Ⅱ

买家手中呢？仓储、物流都是需要成本的，生产厂家或销售商凭什么会让一种极度冷门的商品占用他们珍贵的仓储、物流资源呢？

一定有人会说，即便你说的仓储、物流等方面的成本确实制约着"长尾"部分的盈利，那么对于不需要仓储、物流的商品，"长尾理论"总该可以成立吧？

魔鬼的诱惑又出现了——这确实是一个令人振奋的想法，因为世界上确实已经有了"不需要仓储、物流的商品"。

例如，电子书就可以是一种这样的商品。

但是，我相信只要从常识出发，就可以证明，即使对于电子书这样的商品，"长尾理论"也是无法成立的。

一个对"长尾"的致命约束

最近和一些优秀出版人漫谈关于电子书发展的前景，感触颇深，因为这关系到一些文化的深层问题。

在电子书基本取代纸质书籍——这一点被认为已经是不可阻挡的趋势，纸质书必将沦为小众的奢侈品—— 之后，第一步，书店这种行业就会先完蛋（这让我想起一位著名民营书店老板前不久在深圳一次会议上的惊人之语："我们不是死不死的问题，只是死得好看难看的问题"），因为出版社可以直接在网上向读者出售自己出版的电子书，绝大部分书店就完全没有必要存在了，而极少数保留下来的将转化为小型古董书店。接着是第二步，作者都可以直接在网上向读者出售自己写作的电子书，就像在淘宝上开店卖货一样。

到了这时，出版社还有什么生存空间呢？

我前不久恰好和另一些出版人不止一次讨论过一个相关问题，即"谷歌图书馆"计划的远景。如果故意采取天真烂漫的立场，热烈讴歌电子书、谷歌图书馆等的新玩意，那么主要的立论之点，似乎就是公众的无限选择——这正是"长尾理论"的基本支撑点，"这意味着以往几千年所形成的社会精英对知识的垄断从此彻底结束，那时一个大学教授可以看到的任何文献，一个打工仔都同样可以看到，打工仔可以和教授、博士站在同一条起跑线上做学问——如果他想做的话"。

但是，真的会这样吗？

我们先不考虑这样一幅"无限选择"的前景是不是美好——我认为是不美好的，我们先考虑这样的前景有没有可能实现。

让我们用类似"归谬法"的思路，打个比方来考察上面的前景。

如果你吃饭时只有四菜一汤，也许你觉得太俭朴、太寒酸，不能吃得畅快，那么现在给你提供一百个菜如何？也许你会说，那就是古人所谓的"食前方丈"啦，我想吃哪个菜就吃哪个菜，大快朵颐，不是很爽吗？那么好，现在我给你提供一万个菜如何？

面对一万个菜，就不可能用"吃一口看看"来进行尝试了——你一顿饭不可能吃到一万口。再说，这一万个菜如何摆

放？摆成长列，你要走多远才能尝遍？

如果你已经开始感到局面有点荒谬了，但还不想放弃自己的论点，那么还有两个辩护的路径：

其一，你会说，我只吃近处的那些菜，还不行吗？是的，当你面对一万个菜时，你确实可以只吃近处的几个菜，但那样一来，其余的菜对你不是已经毫无意义了吗？更何况，你近处的菜可能是你的健康状况所不适宜食用的，而适合你健康状况的菜则隐藏在远处九千九百多个菜中，你将怎么办呢？

其二，你会说，不是会有电子菜单吗？我看了菜单选择还不行吗？是的，一定是有电子菜单的，但这个菜单如果是 20 项，你看一下做出选择当然没有问题，可是现在菜单长达 10 000 项甚至更多，你要用多长时间才能看完？难道你要让"谷歌"、"百度"或别的什么软件、算法、网站来替你选择吗？你不担心它们收受了津贴而将利润最高的菜推荐给你吗？

如果你现在已经无法再为自己辩护下去了，你也许会说，读书、学习、学术研究，毕竟不是吃饭嘛。

我之所以不厌其烦地打上面这个吃饭的比方，主要是为了强调一点——对于有限的生命、时间和精力来说，那条"长尾"中"无限选择"的选项，不仅是完全没有用处的，甚至还会是荒谬的和有害的。

从"无限选择"到"选择为王"

实际上，真到了人人都可以直接在网上向读者出售自己写作的电子书的那一天，将是"选择为王"。到了那一天，选择的问题仍将继续存在，而且会变得空前迫切和严重。

传统书籍的出版，主要是由编辑、出版、印刷、发行等方面的成本，构成问世的门槛。而有门槛就必然有选择，通常是门槛越高，选择就越严。真到了作者都可以直接在网上向读者出售自己写作的电子书的局面，上述门槛确实接近消失，但此时将出现另一种门槛，那就是选择——谁来选择？

从前面那个吃饭的比喻中我们知道，在那样的局面下读者很难靠自己来选择。于是仍然要依赖出版社和专业人士来选择。换句话说，我们仍然只接受经过合理选择的一二十项的菜单，而不会要那个毫无意义的"无限选择"的一万项菜单。

到人人可以在网上卖自己写的"书"的那一天，读者面对的选项岂止一万项，那将可能是几十亿项。可是你怎么可能去买一个你完全不了解的、名不见经传的人的作品呢？那样的作品在几乎无限长的"长尾"中又有多大的机会被你看到呢？只有那些专业的出版社，因为多年来术业有专攻，声誉卓著，它们出版的书才会有足够多的读者购买，从而形成商业利润。而它们出版的书，当然是经过了专业人士选择的。

到人人可以在网上卖自己写的"书"的那一天，电子书将迅速"垃圾化"——99%以上在网上叫卖的"书"肯定都是垃圾。经过短暂的混乱和狂欢（很可能我们此刻正在这一过程之中），新的门槛将重新建立起来，专业人士将继续为广大读者服务，即为广大读者选择合适的、有价值有意义的真正的书

供他们阅读。而处在"长尾"中的另外 99% 的垃圾书籍，挂在网上即使偶尔也会有一两个读者购买，但肯定形成不了商业利润。

当然，也可能有某种名不见经传的作者的书意外大卖，但那必然是专业人士推荐或"精英"们策动炒作的结果。

所有这些选择机制，其实和纸书时代完全一样。

所以，电子书表面上看起来是一场"革命"，其实只是技术手段的改进而已，就像当年纸张取代了简帛一样。

"长尾"的虚幻，恰恰是文化之福，怕就怕它万一竟不虚幻，那就是文化的浩劫了。

生也有涯，网也无涯：互联网"无限选项"之害

——互联网与文化关系思考之二

互联网在许多中国人头脑中的错误印象

互联网最初进入中国时，它曾经是百分之百高科技的象征，只有在某些高级科研机构才能够接触到它。记得20世纪90年代初，我在中国科学院上海天文台工作，作为"中央直属机关"的上海天文台，那时已经可以使用互联网。但那时"上网"可不是一件等闲之事，首先是只有在天文台的"机要部门"计算机房才可上网，进第一道门要脱鞋并换上专用的拖鞋，进入安静的、有专人管理的机房之后，我们只能在早期那种没有硬盘的终端上，与国际互联网连接。给远在美国或北京的同行发送一封"电子邮件"，还是一种陌生的、带有一点刺激性的体验。早期的电子邮件只能使用英文。

上面这幕场景，给许多人留下了一个深刻印象—— 只有科技精英才有可能成为网民。

但是，互联网在中国发展的速度，远远超出人们的想象。

今天你如果去问年轻网民，"瀛海威"是什么？许多人肯定茫然不知所云。但是，在中国互联网行业中，"瀛海威"这

个名字曾经是何等的如日中天、如雷贯耳啊！1995年创建于北京的瀛海威（当时的名称是"北京瀛海威科技公司"），被认为是中国第一家真正意义上的互联网公司，当年瀛海威在中关村曾有一块名垂青史的广告牌，上面写着："中国人离信息高速公路有多远——向北1 500米。"而那两句宣传口号"坐地日行八万里，纵横时空瀛海威"则经常印在公司的简介手册和宣传品中。曾几何时，"出生太早"的瀛海威灰飞烟灭，而在它身后，互联网却以惊人的速度在中国普及。

由于互联网发展实在太快，那种"互联网＝高科技"、"网民＝科技精英"的早期印象，仍然残留在许多人的脑海中。所以"网民"这个词汇，与"股民"、"彩民"、"烟民"、"市民"等词汇所唤起的联想是不同的，"网民"听起来更现代、更科技、更高级，更容易让人产生"IT行业"、"科技精英"之类的联想。有些官员在上述早期印象的影响下，也经常将"网民"意见看得比"市民"意见更重要。而作为"网民"似乎也就比作为"市民"更光荣些。

然而，实际情况却已经完全改变了。

CNNIC的互联网发展统计报告每年发布两次，被认为是中国互联网领域的权威报告之一。在2009年1月发布的《第23次中国互联网络发展状况统计报告》中，一系列统计数据显示了目前中国网民的成分构成：

从收入上看，73.5%的网民月收入在2 000元以下，60%在1 500元以下。从学历上看，互联网使用者正迅速向低学历人群扩散。大专及以上的网民比例,已经从 1999 年的 86% 迅速下降至 2008 年的 27.1%,目前约 73% 的网民只有中等及以下文化程度。这些数据表明,规模已达世界第一的中国网民,其主体已经演变成低学历、低收入群体。

还有一个特别重要的问题,经常被忽略,即网民参与网上活动是匿名的。而常识告诉我们,一个人在匿名情况下,通常会表现得更愤激、更极端、更不负责任。在匿名情况下,有些人在网上的表现可以突破人格底线。今天的互联网之所以被许多学者斥为"垃圾场",最重要的原因之一,就是它已经成为许多网民发泄情绪的场所。

如果我们试图思考中国互联网与文化之间的关系,那么纠正"互联网 = 高科技"、"网民 = 科技精英"的早期印象,正确认识今日网民的成分构成,就是必要的前提之一。

有限的生命如何消受"无限选项"?

有一个叫安德鲁·基恩的美国人,在第一波网络狂潮中赚了钱,成了富人,得以跻身于通常所说的"IT 精英"圈子。但是他在这个圈子里混了一些年后,却渐渐开始反感这个圈子中普遍的"有知识没文化"——这些人拥有关于网络和计算机的知识,但是他们抛弃了(或者无视)传统的精英文化及其价值标准。为此基恩写了一本题为《业余狂欢:今日互联网如何扼杀我们的文化》(*The Cult of the Amateur*:*How Today's Internet Is Killing Our Culture*)的书,专门谈他这方面的思考。

　　基恩的忧虑，主要是着眼于互联网上几乎无限的、同时又几乎没有任何过滤或选择门槛的发表和表现空间——任何人都可以在网上发表作品。比如无数的博客（截至2008年底中国有博客网民1.62亿人）、微博、论坛、人人都可以参与的"维基百科"、YouTube网上无穷无尽的视频等。这种被基恩称为"业余狂欢"的场景，在中国被很多人盲目讴歌，众声喧哗消解了传统精英在文化上的权威，这被认为是"草根阶层"对昔日文化精英的伟大胜利。

　　基恩从"IT精英"的沾沾自喜中觉悟之后，他最感到忧虑的事情，就是互联网正在扼杀我们的传统文化——这种文化是昔日的精英们为我们建设、选择、确立起来的。网上毫无门槛、人人可以自由参与的"业余狂欢"，正在使年轻一代误以为"文化不过如此"、"文化谁都能够搞"，他们已经渐渐分辨不出妍媸美丑高下文野了——这正是互联网所提供的"无限选项"所带来的祸害。

　　也许有人会辩解："无限选项"有什么不好？高雅的精英文化也仍然存在着，谁都可以去亲近嘛——何况高雅文化难道没有借助互联网而获得更多的传播机会？这样提问的人，其实仍然停留在"信息越多越好"的幼稚思维中（选项就是信息）。在我们曾经长期生活于其中的信息短缺时代，"信息越多越好"当然可以成立，但是当信息多到一定程度后，就不再是越多越好了。道理其实很简单：

　　一个人的时间和精力总是有限的，一生不过百年，一天只有 24 小时，在同一段时间里，他上了网就不能读书（指阅读纸质书籍），看了电视就不能静心思考。面对网上的淹没了精英文化的"无限选项"，又没有足够的教育和训练来帮助他选择，他很容易就会在娱乐心态和感官刺激的引诱下去选择那些低俗的选项，这些选项就占去了他的时间。一日如此，百年三万六千日日日如此，他什么时候才会去亲近高雅文化？

阳春白雪在纸上，下里巴人在网上？

考察下面这个简单的表格，是相当有意思的：

	网上"业余狂欢"	电视节目	传统纸质书籍
上传成本	0	1	1
下载成本	0	0	1

现实中的规律是：成本越低越容易低俗化。

就受众方面而言，无成本获取（对应于上表中"下载成本"为 0 的项）导致无法实现受众分层，结果其内容只能迎合受众主体。由于购买传统纸质书籍需要成本（对应于上表中"下载成本"为 1 的项），书籍的出版就可以实现受众分层，从而让高雅文化继续生存。

这个规律是以商业化为前提的——网站、电视台、出版社都需要商业化生存，所以都逃不出这个规律的束缚。如果不需要商业化生存，比如政府或财团资助的博物馆，可以不要门票免费参观，高雅文化仍然可以在里面安然无恙。道理也很简

单：因为它们没有收视率和点击率的压力，也就不需要去迎合受众。

就选项的提供者而言，虽然网站、电视台、出版社都需要商业化生存，但电视台和出版社有社会责任的约束，受到有关方面的监管，不能不对播出和出版内容有所选择；但互联网提供的平台使得上传无需选择，内容难以监管，而且匿名的个体在网上更可以不受社会责任的约束而为所欲为。

归根结底，互联网上的"业余狂欢"所提供的无成本无门槛的"无限选项"，如果找不到合适的过滤、选择机制，其结果只能是传统精英文化的崩溃和大众文化的低俗化。

中国互联网面临历史性的三岔口

——互联网与文化关系思考之三

从科技精英的办公桌跌落尘埃

中国互联网络信息中心（CNNIC）每半年发布一次《中国互联网络发展状况统计报告》，这种报告被认为是中国互联网领域最权威的报告之一。据最新发布的第 30 次 CNNIC 报告，中国的网民已达 5.38 亿——仅仅这个数字就已经明确告诉人们：网民主体不再是科技精英了。

"第 30 次 CNNIC 中国互联网发展统计报告"称："网民向低学历人群扩散的趋势在 2012 年上半年继续保持，小学及以下、初中学历人群占比均有上升，其中初中学历人群升幅较为明显（最近半年间净增 1 860 万人），显示出互联网在该人群中渗透速度较快。"报告的一系列数据显示了目前中国网民的成分构成：

从职业上看，学生所占的比例最大，为 28.6%，其次两项为无业失业人员和自由职业者，三者之和达到了 56.9%。而有可能含有昔日"科技精英"在内的"专业技术人员"，占比竟只剩下 9.5% 了。

从收入上看，74% 的网民月收入在 3 000 元以下。

从学历上看，互联网使用人群一直在迅速向低学历人群扩散。大专及以上的网民比例，已经从 1999 年的 86%，逐年下降至 2012 年的 21.6%。也就是说，目前近 80% 的网民只有中等及以下文化程度。

这些数据表明，中国网民——72.9% 集中在城镇地区——的主体，已经变为低学历、低收入甚至没有稳定工作的人群了。互联网已经从科技精英的办公桌跌落尘埃。

作为媒体的互联网：它能带给我们什么呢？

当年，互联网在科技精英的办公桌上，还只是一种通讯工具，和昔日的电报、电话等并无本质的区别。

但是今天中国的互联网，在若干方面的合力作用之下，正在被打造成一种新媒体。作为新媒体的互联网，和传统媒体相比，至少有两点很不相同：

第一，它给了网民一个强烈的感觉——在传统媒体上一向没有发言权的自己，如今在互联网这个新媒体上，忽然拥有了发言权！不是吗？无论什么人，是潘石屹也好，是打工妹也好，只要发一条微博，同样就"全世界都能看到"！这个感觉相当令人振奋，诱使千千万万中下层民众怀着极大的热情投入了互联网的怀抱。

第二，正是在第一点的基础上，它变得很难以对传统媒体有效适用的方法来管控。

但是，那个"有了发言权"的感觉，其实是一个幻觉。

不错，当冯小刚说"微博就是我的冯通社"时，他的感觉不是幻觉，因为他是名人，他的微博会有千千万万人关注，所以他随便发一句闲言碎语，确实"全世界都能看到"。但"发言权"的真正意义是什么呢？当然是指你说的话能够被公众听到。谁都明白，如果你对着墙壁说一句话，这不叫发言权。那么千千万万芸芸众生的微博，"全世界"有人去关注吗？如果没人关注，这样的"发言权"又有什么意义呢？

况且，管控互联网的内容虽然困难，但操控网上所呈现的"民意"却有办法。除了大家熟知的"水军"之外，即使是"自愿"进行的跟帖、转发、评论等行为，其实也很容易被操控——奥妙就在"关注"上，只要设法让某个消息被足够多的人群关注到，他们的情绪就可以被煽动起来。

还有一个特别重要的问题，经常被人们忽略，即网民参与网上活动大多是匿名的。大家都知道，一个人在匿名的情况下，往往会表现得更愤激、更极端、更不负责任。所以在匿名情况下，有些人的表现可以突破正常的人格底线。今天的互联网之所以被许多学者斥为"垃圾场"，最重要的原因之一，就是它已经成为网民发泄情绪的场所。发泄情绪当然也有积极意义，但是从上文关于今日网民主体的调查结果可知，今日网民主体恰恰是对当下社会满意度最低的人群。如果想要通过互联网来了解民意，就必须对这一点有充分的认识，方能避免导出错误的信息。

中国互联网面临历史性的三岔口

互联网在中国进入公众生活的历史只有十几年，如今它已经来到一个历史性的三岔口：是主要将它作为一种通讯工具来建设，还是将它作为一种新媒体来建设？

作为通讯工具，包括对学术信息和日常生活信息的查询，互联网基本上没有显现出什么特有的弊端（泄密问题早已有之，互联网至多只是增大了发生的概率）。但是作为新媒体的互联网，则是弊端丛生，令人忧虑。

作为媒体的互联网，既要商业化生存，目前又缺乏有效的受众分层手段（主要是因为网上绝大部分内容都是免费或近于免费的），它的盈利仍然主要依靠点击率带来的广告收入，所以"迎合网民主体"成为它目前唯一理性的选择。这个选择必然导致绝大部分内容的严重低俗化，也必然导致网上出现大量造谣、传谣、诈骗等的有害内容。

谁更愿意将互联网作为一种新媒体来建设？毫无疑问，是资本。资本为了实现自身的增值，竭力引诱公众投入互联网的怀抱。微博就是一种最新的诱饵。

作为一个老百姓，今天你在网上"冲浪"，在微博上"围观"，其实都是在损不足以奉有余——损耗你所短缺的金钱和时间，去为早已成为巨富的互联网巨头进一步增加财富。

我们的身体是"客观存在"吗?

医学与人类身体故事的不同版本

在现代科学的话语体系中,我们的身体或许已经被绝大多数人承认为一种"客观存在"了。这种观念主要是由现代西方医学灌输给我们的。你看,"现代医学"有解剖学、生理学,对人体的骨骼、肌肉、血管、神经等,无不解释得清清楚楚,甚至毛发的构成、精液的成分,也都已经化验得清清楚楚。虽然医学在西方并未被视为"科学"的一部分(科学、数学、医学三者经常是并列的),但西方"现代医学"在大举进入中国时,一开始就是在"科学"的旗帜下进行的,西医被营造成现代科学的一部分,并且经常利用这一点来诋毁它的竞争对手——中国传统医学。这种宣传策略总体来说是非常成功的,特别是在公众层面,尽管严肃的学术研究经常提示我们应该考虑其他图景。

关于人类身体,我们今天的大部分公众,其实都是偏听偏信的——我们已经被西医唯科学主义的言说洗脑了,以至于许多人想当然地认为,关于人类的身体、健康和医疗,只有一个

故事，就是"现代医学"讲述的故事。他们从来没有想到，这个故事其实可以有很多种版本，比如还可以有中医的版本、藏医的版本、印第安人的版本，等等。

更重要的是，所有这些不同版本，还很难简单判断谁对谁错。这主要有两个原因：

一是人类迄今为止对自己的身体实际上了解得远远不够。西医已有的人体知识，用在一具尸体上头头是道那是没有什么问题的，问题是"生命是一个奇迹"（这是西方人喜欢说的一句话）——活人身上到底在发生着哪些事情，我们还知之甚少。而西医在营造自己的"科学"形象时，经常有意无意地掩盖这一点。

二是今天经常被公众忽略的一个事实——以往数千年来，中华民族的健康是依靠中医来呵护的。当西医大举进入中国时，在中医呵护下的中华民族已经有了四亿人口。仅仅这一个历史事实，就可以证明中医也是卓有成效的。由此，中医关于人类身体故事的版本，自然就有其自立于世界民族之林的资格。

身体的故事是一个罗生门

2002年，在由我担任地方组织委员会主席的"第十届国际东亚科学史会议"上，日本学者栗山茂久是我们邀请的几位特邀大会报告人之一，当时他的报告颇受好评。这是一位相当西化的日本学者，他用英文写了《身体的语言——古希腊医学和中医之比较》(*The Expressiveness of the Body and the Divergence of Greek and Chinese Medicine*)一书。同时他又是富有文学情怀的人，所以这样一本比较古希腊医学和古代中国医学的学术著作，居然被他写得颇有点旖旎风骚光景。

在《身体的语言》正文一开头，栗山茂久花了一大段篇幅，复述了日本作家芥川龙之介一篇著名小说的故事。芥川这篇小说，因为被改编成了黑泽明导演的著名影片《罗生门》而声名远扬。大盗奸武士之妻、夺武士之命一案，扑朔迷离，四个人物的陈述个个不同。"罗生门"从此成为一个世界性的文学典故，用来表达"人人说法不同，真相不得而知"的状况。在一部比较古希腊医学和中医的著作开头，先复述"罗生门"的故事，就已经不是隐喻而是明喻了。

栗山茂久对于中医用把脉来诊断病情的技术，花费了不少笔墨，甚至还引用了一大段《红楼梦》中的有关描写。这种技术的精确程度，曾经给西方人留下了深刻印象。更重要的是，这种技术在西方人看来是难以理解的。栗山茂久也说："这种技术从一开始就是一个谜。"之所以如此，他认为原因在于中国人和西方人看待身体的方法和描述身体的语言，都是大不相同的。

作为对上述原因的形象说明，栗山茂久引用了中国和欧洲的两幅人体图：一幅出自中国人滑寿在公元 1341 年的著作《十四经发挥》，一幅出自维萨里（Vesalius）公元 1543 年的七卷本著作《人体结构》(*De Humani Corporis Fabrica*)。他注意

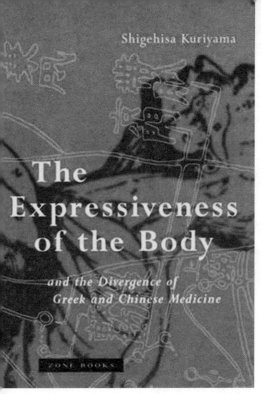

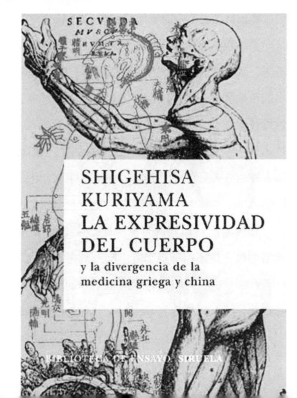

日裔哈佛大学教授栗山茂久（Shigehisa Kuriyama）
所著《身体的语言》英文原版书影及法文版书影

到，这两幅人体图最大的差别是，中国的图有经脉而无肌肉，欧洲的图有肌肉而无经脉。而且他发现，这两幅人体图所显示出来的差别最晚在公元二三世纪就已经形成了。

确实，如果我们站在所谓"现代科学"的立场上来看中医的诊脉，它真的是难以理解的。虽然西医也承认脉搏的有无对应于生命的有无这一事实，但依靠诊脉就能够获得疾病的详细信息，这在西医对人体的理解和描述体系中都是不可能的、无法解释的。

我们从这些例子中看到，双方关于身体的陈述，是如此的难以调和。再回想栗山茂久在书中一开头复述的《罗生门》故事，其中的寓意就渐渐浮出水面了。栗山茂久的用意并不是试图"调和"双方——通常只有我们这里急功近利的思维才会热衷于"调和"，比如所谓的"中西医结合"就是这种思维的表现。栗山茂久只是利用古希腊和古代中国的材料来表明，关于人类身体的故事就是一个"罗生门"。

怀孕是另一个罗生门

很长时间以来，我们已经习惯了在科学主义话语体系中培育起来的关于身体故事只有"现代医学"唯一版本的观念，而正是这种版本的唯一性，使我们相信我们的身体是"客观存在"。如果说栗山茂久《身体的语言》可以帮助我们解构关于身体认识的版本唯一性，那么克莱尔·汉森的著作《怀孕文化史—怀孕、医学和文化（1750—2000）》（*A Cultural History*

维萨里著《人体结构》1543 年版书影

AD DIVVM CAROLVM

QVINTVM, MAXIMVM, INVICTISSIMVM
QVE IMPERATOREM, ANDREAE VESALII
in suos de Humani corporis fabrica libros, Præfatio.

VANTVMVIS uaria in artibus scientijsȹ tractan
dis grauiter obstent, quo minus accurate perdiscan
tur, minusȹ fœliciter in usum succedant, CAROLE
clementissime Cæsar, tamen haud mediocre dispen
dium quoque adferre arbitror, nimium diductam
disciplinarum, quæ uni cuipiam arti absoluendæ fa
mulantur diuisionem, & multo adhuc magis eius ar
tis exercitiorum adeò morosam ad diuersos artifices
distributionem, ut qui artis scopum sibi præfixerint,
unam eius partem ita complexentur, ut cæteris quæ
ipsum maximopere spectant, & ab illo seiungi ne
queant, relictis, nihil unquam egregium præstent,
ac proposituм finem nunquam attingentes, à uera
artis constitutione perpetuò declinent. Nam, ut cæ
teras quidem silentio præteream, & de ea quæ sanitati homini præfecta est, aliquantisper ser
monem instituam, profectò in hac tametsi reliquarum omnium quas hominis ingenium adin
uenit longè commodissima & imprimis necessaria difficilisȹ ac operosa sit, nihil pestilentius irre
pere potuisset, quàm quòd aliquando, & præcipue post Gotthorum illuuiem, Mansoremȹ
Persiæ regem (sub quo Arabes nobis adhuc cum Græcis merito familiares uigebant) medi
cina eousȹ lacerari cœpit, quòd primarium eius instrumentum manus operam in curando ad
hibens, sic neglectum est, ut ad plebeios ac disciplinis medicæ arti subseruientibus nihil æ
quam instructos, id quasi uideatur esse demandatum. Quamuis enim tres medicorum se
ctæ olim extiterint, Logica uidelicet, Empirica & Methodica, nihilominus tamen illarum
autores uniuersæ artis scopum ad conseruandam sanitatem, morbosȹ profligandos direxe
runt, deinde huc omnia, quæ singuli in suis sectis arti necessaria existimabant, referentes, tripli
ci auxiliorum instrumento utebantur, quorum primum uictus fuit ratio, secundum omnis
medicaminum usus, tertium manus opera, quæ uel præ cæteris medicinam esse deficientium
additionem, & superfluorū ablationem, eleganter ostendit, ac nunquam non sui usum in affe
ctuum curatione præbet, quoties in remedica obimus, quorum beneficio hanc generi hu
mano saluberrimā esse, tempora ususȹ docuerūt. Triplex hæc medendi ratio, cuiuscunȹ sectæ
medicis æquè erat familiaris, ipsiȹ proprias manus pro affectuum natura curationi accommo
dantes, non minorem industriam in illis exercendis impenderunt, quàm instituendæ uictus
rationi, aut medicamentis dignoscendis, ac componendis. quemadmodum præter cæteros
diuini Hippocratis libros, si liquidò arg, quos de Medici munere, de Ossium fracturis,
Articulorum luxationibus, eius ȹ generis malis omnium absolutissimè conscripsit. Quin &
Galenus post Hippocratem medicinæ princeps, præterquam quòd Pergamensium gladia
torum curationem sibi soli commissam subinde gloriatur, neque ingrauescente iam ætate,
simias ab ipso secandas famulorum opera excoriari uoluit, crebrò inculcat, quantum manus
artificio oblectatus sit, quamȹ studiosè id cum cæteris Asiæ medicis exercuerit. Imò ueterum
nullus non æquè attentè curationem quæ manu fit, atque eam quæ uictu ac medicamen
tis perficitur, posteris tradidisse uidetur. Verùm maximè post Gotthorum uastationem,
quando omnes scientiæ antea pulcherrimè florentes, atque ut decebat exercitæ, pessum iuere,
lautiores medici primùm in Italia ad ueterum Romanorum imitationem manus operam fasti
dientes, quæ in ægris manu facienda ducerent, seruis præscribere, ac illis tantum architecto
rum modo astare, cœperunt. Mox quum sensim cæteri quoque ueram medicinam exercitan
tium incommoda detrectarent, quæ sui honoriȹ nihil interim subducentes, à priscis medicis
promptè degenerarunt, coquendi modum, omnemȹ adeò uictus præparationem ægrorum
custodibus, medicaminū compositionem pharmacopolis, manuum uerò munus tonsoribus
reliquerunt. Atque ita temporis successu, curandi ratio tam miserè diuulsa est, ut medici qui
dem, se physicorum nomine uentditantes, medicamentorum & uictus ad reconditos affectus
præscriptionem sibi duntaxat arrogauerint: reliquam autem medicinam, ijs quos Chirur

＊＊　2   gos

维萨里著《人体结构》1543 年版内文献辞

科 学 外 史 Ⅱ

of Pregnancy：*Pregnancy*，*Medicine and Culture in Britain*，
1750—2000）可以给我们提供另一个更为详细的个案。

怀孕作为人类身体所发生的一种现象，当然也和身体的故事密切相关。怀孕这件事情，作为身体故事的一部分，每个民族、每种文化，都会有自己的版本；而且即使在同一民族、同一文化中，这个故事在不同时期的版本也会不同。

而近一个世纪以来，中国公众受到的教育，总体上来说是这样的图景：先将中国传统文化中关于怀孕分娩的故事版本作为"迷信"或"糟粕"抛弃，然后接受"现代医学"在这个问题上所提供的版本，作为我们的"客观认识"。

应该承认，这个图景，到现在为止，基本上还不能说不是成功的。不过在中国传统文化中，怀孕分娩的故事也自有其版本，那个版本虽与"现代医学"的版本大相径庭，但在"现代医学"进入中国时中国已有四亿人口这一事实，表明那个版本在实践层面上也不能说是失败的。推而论之，世界上其他民族、其他文化，只要没有人口灭绝并且这种灭绝没被证明是因为对怀孕分娩认识错误造成的，那么它们关于怀孕分娩故事的版本，就都不能说是失败的。

一个具体而且特别鲜明的例子，就是中国的产妇自古以来就有"坐月子"的习俗，而西方没有这样的习俗。不久前还有极端的科学主义人士宣称"坐月子"是一种"陋俗"，在应革除之列。因为按照"现代医学"关于人类身体的统一版本，中国女性和西方女性在生育、分娩、产后恢复等方面没有任何不同。

让我稍感奇怪的是，"现代医学"在进入中国之后，对中国传统医学中的几乎一切内容都以"科学"的名义进行否定或贬抑，唯独在"坐月子"这个习俗上，今天中国的西医也没有表示任何反对意见。如果将这个现象解释为西医"入乡随俗"，那么它同时却不可避免地损害了西医的"科学"形象——因为这等于同一个人，讲同一件事，但面对西方人和面对中国人却讲两个不同的版本，这样做就破坏了关于身体故事的版本唯一性，从而也就消解了"现代医学"话语中关于人类身体的客观性。

中国古代有没有科学：争论及其意义

关于中国古代有没有科学的论战

中国古代到底有没有科学？这个问题虽谈不上有多热，但多年来也始终未冷下来，时不时会被人提起，或在争论别的问题时被涉及。

在 20 世纪初的一些中国著名学者看来，这根本就不是问题——他们认为中国古代当然没有科学。例如，1915 年任鸿隽在《科学》创刊号上发表《说中国无科学的原因》，1922 年冯友兰在《国际伦理学杂志》上用英文发表《为什么中国没有科学——对中国哲学的历史及其后果的一种解释》一文，直到 1944 年竺可桢发表《中国古代为什么没有产生自然科学？》一文，意见都是相同的。

中国古代有没有科学，很大程度上是一个定义问题。在 20 世纪初那些最先提出中国为什么无科学这一问题的人士心目中，"科学"的定义是相当明确而一致的："科学"是指在近代欧洲出现的科学理论、实验方法、机构组织、评判规则等一整套东西。上述诸人不约而同都使用这一定义。这个定义实在

中国现代科学事业的开拓者任鸿
隽先生创办的《科学》创刊号

是非常自然的，因为大家心里都明白科学确实是从西方来的，在中国传统语汇中甚至没有"科学"这样一个词。

然而进入 20 世纪 90 年代后，中国古代有没有科学却越来越成为一个问题了——因为许多学者极力主张中国古代是有科学的。于是"有"、"无"两派，各逞利辩，倒是使得关于这一问题的思考深度和广度都有所拓展。

20 世纪 90 年代初，拙著《天学真原》出版后，逐渐被"无"派当作一把有用的兵刃，不时拿它向"有"派挥舞——因为此书用大量史料和分析，论证了中国古代不存在现代意义上的天文学，这被认为不但在客观上从一个学科为"无"派提供了证据，并且还提供了新的论证思路。

另一方面则是"有"派的论证，比如先改变科学的定义，

把科学定义成一种中国古代存在着的东西（至少是他们认为存在着的），然后断言中国古代有科学。谁都知道，只要在合适的定义之下，结论当然可以要什么有什么，只是这样做在实际上已经转换了论题。又如，因为"无"派通常认为现代科学的源头在古希腊，于是就试图论证西方古代也不存在科学，比如论证古希腊也不存在科学的源头，因此要么古代中国和西方半斤八两，大家都没有科学；要么就允许使用极为宽泛的定义——这样就大家都有科学。

科学的定义和起源

美国威斯康星大学科学史教授戴维·林德伯格（David C. Lindberg）是中世纪科学史方面的权威，著有《西方科学的起源》一书，该书有一个极为冗长的副标题："公元前六百年至公元一千四百五十年宗教、哲学和社会建制大背景下的欧洲科学传统"。林氏所谓的"科学"，就是指公元 1450 年之后的现代科学，他的"科学"定义，和当年任鸿隽、冯友兰、竺可桢等中国人所用的是一样的。至于"科学"的起源，林氏主张考察公元前 600 年—公元 1450 年间的欧洲科学传统，他主张现代科学的源头在古希腊。在此前提之下，他还强调中世纪与早期近代科学之间是连续的。

与此相比，国内"有"派人士则往往乐意采用宽泛无边的定义，例如，将"科学精神"定义为"实事求是"，听起来似乎也有道理，但这样的"科学精神"肯定已经在世界各民族、各文明中存在了几千几万年了，这样的"科学精神"又有什么意义呢？采用任何类似的定义，虽然从逻辑上说皆无不可，但实际上无法导出有益的讨论。

再进一步来看，欧洲天文学至迟自希巴恰斯以下，每一个宇宙体系都力求能够解释以往所有的实测天象，又能通过数学演绎预言未来天象，并且能够经得起实测检验。托勒密、哥白尼、第谷、开普勒乃至牛顿的体系，全都是根据上述原则构造出来的。而且，这一原则依旧指导着今天的天文学——在古希腊是几何的，牛顿以后则是物理的；也不限于宇宙模型，比如还有恒星演化模型等。然后用这模型演绎出未来天象，再以实测检验之。合则暂时认为模型成功，不合则修改模型，如此重复不已，直至成功。

当代著名天文学家当容（A. Danjon）对此说得非常透彻："自古希腊的希巴恰斯以来两千多年，天文学的方法并没有什么改变。"其实恩格斯早就论述过类似的观点："随着君士坦丁堡的兴起和罗马的衰落，古代便完结了。中世纪的终结是和君士坦丁堡的衰落不可分离地联系着的。新时代是以返回到希腊人而开始的。……如果理论自然科学史研究想要追溯自己今天的一般原理发生和发展的历史，它也不得不回到希腊人那里去。"

但是还有一个问题：既然古希腊有科学的源头，那古希腊之后为何没有接着出现近现代科学，反而经历了漫长的中世纪？对于这一质问，我觉得最好的回应就是中国的成语"枯木

逢春"——在漫长的寒冬看上去已经死掉的一株枯木，逢春而新绿渐生，盛夏而树荫如盖，你怎么能因为寒冬时它未出现新绿，就否认它还是原来那棵树呢？事物的发展演变需要外界的条件。中世纪欧洲遭逢巨变，古希腊科学失去了继续发展的条件，直等到文艺复兴之后，才是它枯木逢春之时。

争论的现实意义

面对近年有那么多人士加入关于中国古代有没有科学的争论，有人曾提出一个值得思考的疑问——你们到底为什么要争论这个问题呢？事实上，这个问题有着明显的现实意义。

许多"有"派人士希望，证明中国古代有科学可以拓展他们的研究领域，并使他们的某些活动更具学术色彩。因为他们中的许多人对阴阳、五行、八卦、星占、炼丹、风水之类的中国古代方术怀有长盛不衰的热情，他们热切地希望为这些"东方的智慧"正名，要让这些东西进入科学殿堂。

而"无"派人士之所以坚持使用现代意义上的"科学"定义，拒绝各种宽泛定义，一个重要原因是担心接受宽泛的"科学"定义会给当代的"伪科学"开启方便之门。如果站在科学主义的立场，主张对伪科学斩尽杀绝，那这样的担心当然是有道理的；但在主张对伪科学持宽容态度的人来看，这样的担心就是多余的了。

国内科学史圈子里有一个著名的八卦——其实是真实的故事，因为两位当事人我都非常熟悉。该八卦是这样的：有一位科学史前辈,曾质问一个正在中国科学院自然科学史研究所攻读科学史博士学位而又主张中国古代没有科学的年轻人说:你既然认为中国古代没有科学,还来这里干什么?

这个八卦的意义在于,提示了中国古代有没有科学的问题可以直接引导到"为什么要研究科学史"这个问题。许多人士——包括一些科学史研究者在内——认为,科学史研究的任务,主要就是两条:一是通过"发现历史规律"去促进未来科学的发展;二是在历史上"寻找"科学。

不幸的是,这两条至少都是镜花水月,甚至是自作多情的。

正如林德伯格所言:"如果我们的目标只是解决现代科学中的难题,我们就不会从了解早期科学史中获得任何裨益。"科学发展有没有"规律",有的话能不能被"发现",迄今都尚无任何明确证据。因此不能指望研究科学史会解决现代科学中的难题,负责任的科学史研究者也不会向社会作出虚幻的承诺,说自己可以预见甚至"指导"未来科学的发展。

林氏还说:"如果科学史家只把过去那些与现代科学相仿的实践活动和信念作为他们的研究对象,结果将是对历史的歪曲。……这就意味着我们必须抵抗诱惑,不在历史上为现代科学搜寻榜样或先兆。"这样的论述,简直就像是专门针对某些中国学者而发的——当然实际上并非如此。

中国古代博物学传统发微

博物学重出江湖

现在许多人认为，博物学不过是采集、描述、分类等，只注意外部世界"如何"，而现代"精密科学"的分析、模型、实验等方法，能够解释世界"为何"如此运行，当然属于更高境界。所以博物学在西方虽然曾经是非常重要的认知传统，却沉寂已久，渐遭遗忘。然而如此简单的优劣结论，其实未必能够成立。

就以"精密科学"中历史最为悠久的天文学来说，天文学家通过持续观察天象变化来统计、收集各种天象周期，通过观测建立星表、绘制星图、对各种天体进行分类……这些最典型的"天文学研究"不是同样充满着博物学色彩吗？

近两年博物学又逐渐出现在国内学术话语中，以博物学为主题的书籍、文章、博士论文等纷纷问世，此事北京大学刘华杰教授鼓吹提倡之功，不可没也。刘教授认为，博物学不仅可以作为当下唯科学主义泛滥的解毒剂，还可以上升到理论高度，提出"科学史的博物学编史纲领"，我也非常赞同。

博物学在中国传统文化中，虽无其名，实有其实，在若隐若现之间，这样一个传统其实是存在的。何况"博物学"（Natural History）一词虽属外来，但"博物"却是中国传统文化中原有的词汇，当初国人用它来译 Natural History，显然也是注意到了这一点的。

但是也有一种意见，认为中国古代不存在博物学传统。之所以会出现这种看法，和对"博物学传统"的界定有直接关系。

《博物志》和中国博物学传统的表现形式

在中国儒家经典中，博物学精神有颇为充分的体现。孔子曰："小子何莫学夫诗？诗可以兴，可以观，可以群，可以怨；迩之事父，远之事君；多识于鸟兽草木之名。"（《论语·阳货》）作为儒家基本经典的《诗经》，博物学色彩极为浓厚。

古代中国的博物学传统，当然不限于"多识于鸟兽草木之名"。体现此种传统的典型著作，首推晋代张华《博物志》。书名"博物"，其义尽显。《博物志》的内容，大致可分为如下几类：一、山川地理知识；二、奇禽异兽描述；三、古代神话材料；四、历史人物传说；五、神仙方伎故事。此五大类，完全符合中国文化中的博物学传统。兹按上述顺序，将此五大类每类各选一则，以见一斑：

《考灵耀》曰：地有四游，冬至地上北而西三万里，夏至

地下南而东三万里，春秋两分其中矣。地常动不止，譬如人在舟而坐，舟行而人不觉。七戎六蛮，九夷八狄，形类不同，总而言之，谓之四海。

蜥蜴或名蝘蜓，以器养之以朱砂，体尽赤，所食满七斤，治捣万杵，点女人支体，终年不灭。唯房事则灭，故号守宫。《传》云：东方朔语汉武帝，试之有验。

昔高阳氏有同产而为夫妇，帝放之此野，相抱而死，神鸟以不死草覆之，七年男女皆活，同体二头四手，是蒙双民。

《列传》云：聂政刺韩相，白虹为之贯日；要离刺庆忌，彗星袭月；专诸刺吴王僚，鹰击殿上。

皇甫隆遇青牛道士姓封名君达，其论养性法则可施用，大略云：体欲常少劳，无过虚。食去肥浓，节酸咸。减思虑，损喜怒，除驱逐。慎房室，春夏施泻，秋冬闭藏。详别篇。武帝行之有效。

以上五则，深合中国古代博物学传统之旨。第一则，涉及宇宙学说，且有"地动"思想，故为科学史家所重视。第二则，为中国古代长期流传的"守宫砂"传说之早期文献，相传守宫砂点在处女胳膊上，永不褪色，只有性交之后才会自动消失（其说能否得到现代科学证实是另一个问题）。第三则，古代神话传说，或可猜想为"连体人"。第四则，关于三位著名刺客的传说，此三名刺客及所刺对象，历史上皆实有其人。第五则，涉及中国古代房中养生学说。"青牛道士封君达"是中国房中术史上的传说人物之一。

有人因为《博物志》中的这些记载事涉"怪力乱神"，就不同意它的"博物学"资格。其实此类著作在中国古代相当普遍，兹稍举宋代沈括《梦溪笔谈》为例——此书被李约瑟誉为"中国科技史的坐标"，世人就以为它非常"科学"，其实书中同样有与《博物志》类似的内容，只是比例较小而已。《梦溪笔谈》卷二十"神奇"中有云：

> 天圣中近辅献龙卵，云得自大河中，诏遣中人送润州金山寺。是岁大水，金山庐舍为水所漂者数十间，人皆以为龙卵所致。至今匮藏，余屡见之，形类色理都如鸡卵，大若五斗囊，举之至轻，唯空壳耳。

此类记载，在中国历代笔记作品中实属汗牛充栋，无烦多举。

中国博物学传统在当下的积极意义

如以上述六则笔记作为中国博物学传统之例，或者有人会问：这算什么传统？这不是"怪力乱神"的传统吗？我的意见是——这是一个能够容忍怪力乱神的博物学传统。能够容忍怪力乱神，不仅不是这一传统应被批判否定的理由，恰恰相反，这一点可以视为中国古代博物学传统的中国特色。而这样的博物学传统，在当下社会中，确实可以在某种程度上充当消解唯

科学主义的解毒剂。

"当代科学"——主要是通过当代"主流科学共同体"的活动来呈现——对待自身理论目前尚无法解释的事物，通常只有两种态度：

其一，坚决否认事实。在许多唯科学主义者看来，任何现代科学理论不能解释的现象，都是不可能存在的，或者是不能承认它们存在的。比如对于 UFO，不管此种现象出现多少次，"主流科学共同体"的坚定立场是：智慧外星文明的飞行器飞临地球是不可能的，所有的 UFO 观察者看到的都是幻象。又如对于"耳朵认字"之类的人体特异功能，"主流科学共同体"发言人曾坚定表示，即使亲眼看见，"眼见也不能为实"，因为世界上有魔术存在，那些魔术都是观众亲眼所见，但它们都不是真实的。"主流科学共同体"为何要坚持如此僵硬的立场？原因很简单：只要承认有当代科学理论不能解释的事物存在，就意味着对当代科学至善至美、至高无上、无所不能的形象与地位的挑战。

其二，面对当代科学理论不能解释的事物，将所有对此类事物的探索讨论一概斥之为"伪科学"，以此拒人于千里之外，以求保持当代科学的"纯洁"形象。此种态度颇有"鸵鸟政策"之风——对于这些神秘事物，你们去探索讨论好了，反正我们是不会参加的。

以上两种态度，最基本的共同点即为断然拒斥"怪力乱神"。"主流科学共同体"中的许多人相信，这种断然拒斥是为了"捍卫科学事业",是对科学有利的。

那么问题已经相当清楚:一个能够容忍怪力乱神的博物学传统(相信"天下之大无奇不有"),必然是一个宽容而且开放的传统;同时又是一个能够敬畏自然,懂得与自然和谐相处的传统。这样的传统至少可以在两方面成为当代唯科学主义的解毒剂:

首先,在这个传统中,对于知识的探求不会画地为牢、固步自封。事实上,即使站在科学主义立场上,也可以明显看出,断然拒斥怪力乱神实际上对于科学发展是有害的。人们都承认欧美发达国家科学技术领先,但那里对怪力乱神的宽容则常被我们视而不见。

其次,也许是更为重要的,这个传统中敬畏自然、与自然和谐相处的理念,恰可用来矫正当代唯科学主义理念带来的对自然界疯狂征服、无情榨取的态度。在这方面,这个传统与当代的环境保护、绿色生活等理念都能直接相通。

科学之危

当代科学争议中的四个原则问题

在科学技术的黄金时代——我指的是科学技术受到全力推崇和膜拜的时代——很少有科学争议，即使有也会很快消除或止息。但是到了今天，科学争议早已经层出不穷，而且往往旷日持久，比如转基因食品问题、核电问题、全球变暖问题、基因歧视问题、大城市垃圾处理问题……而在这些争议中，许多人还停留在太简单、太天真的认识层面，自己已经置身于巨大的危机中还糊里糊涂不自知。其中很重要的原因，是他们忽略了科学争议中的某些基本原则问题。下面就是四个非常重要的原则问题。

形成争议的问题不能简化为"科学问题"

我们经常看到，当争议发生时，往往有一方力图将争议的问题简化为"科学问题"，而许多对有关问题未加深思的人，往往会被这种所谓的"科学问题"牵着鼻子走，于是争议就被引导到有利于对手的方向上去了。

例如，在关于转基因作物的争议中，极力主张在中国推广

转基因作物的一方，经常使用这一手法。他们力图将围绕转基因作物的种种争议简化为一个"科学问题"：食用转基因作物对人有害吗？——这个问题当然是为了在中国推广转基因作物而有意设计出来的，它不仅包藏祸心，而且从学理上来说也是漏洞百出的。

说它包藏祸心，首先是转基因作物的鼓吹者企图利用这一简化的"科学问题"来屏蔽其他问题，因为他们害怕别人质问其他一些问题，比如：

中国今天迫切需要推广转基因作物吗？

在孟山都公司控制着世界上90%的种子基因的情况下，推广转基因作物符合中国的国家整体利益吗？

谁能够通过在中国推广转基因作物获得最大的经济利益？

…………

说它包藏祸心，其次在于企图垄断争议中的话语权。因为一旦善良的人们同意这种"简化"，那么谁来回答"食用转基因作物对人有害吗"这个问题呢？极力在中国推广转基因作物的人就可以站出来说：当然是我们最有资格回答这个问题，因为我们是"专业"研究转基因作物的呀！而他们的回答，当然是、必然是：转基因作物对人无害。

所以人们应该特别认清，转基因作物的争议问题，首先是伦理问题、经济问题、政治问题。在这样的争议中，不是只有从业专家才有发言权，而是全国人民都有知情权和发言权。在台湾地区"核四"争议中，马英九提出全岛公民投票来决定

"核四"命运，深合此旨。

科学的不确定性

退一步说，即便真的仅仅是"科学问题"，它们往往也绝不"简单"——因为科学有不确定性。而这一点通常总是推广转基因作物或核电的人极力向公众隐瞒的。

科学的不确定性，在不同的领域表现程度有所不同。一般来说，在物理学、天文学之类的"精密科学"中，表现得少一些（也不可能绝对没有），而在那些不那么"硬"、不那么"精密"的领域，不确定性就更大。

科学的不确定性常常使得争议问题难以获得定论。例如，"转基因作物对人无害"的论断是依靠什么来成立的呢？最常见的说法是：迄今未发现食用转基因作物对人体有害。但是，食用转基因作物对人体有害与否，是短时期内很难确定的——因为其中的不确定性太大。要断定转基因作物食用后对人体无害，以及种植转基因作物对人生存其中的环境无害，都需要长时段的仔细观察、对比、检测等，绝不是一场闹剧似的"试吃"之后就可以简单断定的。所以：

"迄今未发现食用转基因作物对人体有害" ≠ "转基因作物对人无害"。

类似的局面，在核电争议中也经常会出现，例如，到底多少强度以下的辐射对人才算安全呢？这类标准，也都是在一定的测量基础上，人为建构制定的。例如在福岛核灾难之后，日

本当局就修订了有关的标准。此外如一座核电站的建设成本、核泄漏事故或灾难后的善后成本等，都因为牵涉到太多的方方面面，而难以准确计算。这些难题的背后，其实都有科学的不确定性的影子。

科学争议中的利益维度必须重点关注

在科学告别了它的纯真岁月之后，就一头和商业资本密切结合在一起了。这种结合是我们自己促成的，因为我们向科学技术要生产力，要经济效益。不错，科学技术真的给了我们经济效益，给了我们物质享受。但是，这样的科学技术就已经不再是昔日的纯真少女了。

与商业资本密切结合在一起的科学技术，就像一位工于心计的交际花。她艳光四射，颠倒众生，同时心里却很清楚自己要谋求的是什么。而且她还非常聪明地利用了这样一种情况：那些围绕在她石榴裙下的倾慕者们，许多人对她的印象还停留在昔日纯真少女的倩影中，他们是真心热爱她、崇拜她，对她有求必应，还自愿充当护花使者……

我们很容易看到，在当代的科学争议中，可以获得巨大经济利益的一方，总是竭力掩盖这种经济利益，这也是他们热衷于将争议问题简化为"科学问题"的重要原因。因为一旦转为"科学问题"之后，经济利益的维度就从公众视野中消失了。

当下种种与科学技术有关的争议，利益维度经常是一个非常有用的思考路径。例如，在转基因作物争议中，主张推广转基因作物的，几乎全部是可以从这种推广中获得经济利益的集团或个人；而反对转基因作物的人士中，许多都是远离商业的学者，他们不可能从这种反对中获得经济利益。那么争议的两造中，谁更干净一些？谁更可信一些？

世上不存在纯粹客观的"安全"

在科学争议中，可以从中获得巨大经济利益的一方，经常使用科学主义的手段。除了试图将复杂的问题简化为"科学问题"之外，另一个重要的手法，就是宣称世界上存在着"客观的"安全。

安全问题看似简单，其实也有思维陷阱。前几年北京大学的刘华杰教授就转基因作物发表意见说：如果人民群众认为转基因作物是不安全的，那转基因作物就是不安全的。这本来是对安全问题有着深刻哲学思考的论断，但某些陷溺于科学主义泥潭中难以自拔的人，却以为抓到了刘华杰教授的"硬伤"——他们气势汹汹地质问说：安全难道不是客观的吗？安全与否难道不是一个"科学问题"吗？

"安全"对个人而言，其实和"幸福"是同类的——只有当你自己感觉幸福时，你才有可能是幸福的，别人对你幸福与否的判定是无效的。同样，只有当你自己感到安全时，你才有可能是安全的（仍然可能不安全），而当你自己感觉不安全时，你就不可能是安全的。

如果"安全"真的只是"客观的"，而且是一个"科学问

题",那谁能认定你是否安全呢?答案肯定又是"专家"!如果你同意这样的逻辑,那么你食用转基因作物是否安全,就只能听从那些极力在中国推广转基因作物的人——他们确实是这方面的专家——来告诉你了。他们当然对你说:食用转基因作物是安全的。

"安全"是需要主体自身参与建构的,如果你自己感觉不安全,就说明你的"安全"尚未建构完成。因为你如果"主观上"缺乏安全感,那你的身心就会在"客观上"受到影响和伤害。在到处遭遇科学争议的今天,重温中国古代"杯弓蛇影"的寓言故事,你不得不承认古人的某些智慧直到今天仍然值得珍视。

被严重误导的转基因主粮争议

文不对题的讨论充斥媒体

国内关于转基因主粮及食品的争论愈演愈烈，也引起了公众越来越多的关注。但非常奇怪的是，这方面的争论从一开始就处在一种荒谬的逻辑中。

让我们先打个比方：假定你原先一直使用 A 型手机，现在如果有人要向你推销 B 型手机，合理的说服路径应该是这样：论证 B 型手机的优点（包括功能、外观、性价比等），或论证 A 型手机的缺点。如果推销 B 型手机的人既不能指出 A 型手机的缺点，也不认真说明 B 型手机的优点（至多只是偶尔一带而过），却反反复复向你论证"B 型手机是安全的"，并蓄意将你的注意力引向"B 型手机是否安全"的争论中去，而且极力主张"B 型手机是否安全是一个科学问题"——这意味着它到底安全与否，只能由研发该手机的专家说了算，你会有什么感觉呢？

这种文不对题的推销论证，不是非常荒谬吗？就算使用 B 型手机是安全的，可是我多年来使用 A 型手机好好的，我为

什么要改用你的 B 型手机呢？

不幸的是，那些极力要在中国推广转基因主粮的宣传，其论证恰恰就是这样的荒谬。而且这种宣传策略居然在很大程度上成功了——大部分公众和媒体至今仍然在文不对题地争论和思考着"转基因食品是否安全"（这个问题也应该考虑，但目前很难得出确切结论，而且首先应该考虑更重要的问题）。

为什么要将公众和媒体误导到文不对题的争论上去呢？原因很明显——那个正确的说服路径对试图在中国推广转基因主粮相当不利，而将公众的注意力转移到"转基因食品是否安全"的争论中去，就可以掩盖这一点，更何况后面还有更需要掩盖的事情。

如果不想在转基因主粮争议中被别人牵着鼻子走，正确的思考路径，不妨参照上面那个关于手机的比方，先要求推广转基因主粮的人向我们确切地正面说明，转基因主粮到底有哪些优越性，而不是拿"杂交水稻也是转基因"、"转基因主粮和传统主粮一样"之类的话来糊弄我们——如果转基因主粮和传统主粮一样，那我们几千年来食用传统主粮都好好的，又有什么必要改吃转基因主粮呢？

这里有必要提到媒体上常见的另一个混淆——将"推广转基因主粮"和"研究转基因技术"混为一谈。事实是，绝大部分反对推广转基因主粮的人士，都不反对科学家在实验室里研究转基因技术。值得警惕的是，在很多情况下，这种混淆是故意的，因为许多公众对于"发展科学"有着不假思索的认同，而研究转基因技术当然是发展科学的一部分，所以将"推广转基因主粮"和"研究转基因技术"混为一谈之后，推广转基因主粮就变成"发展科学"，而反对推广转基因主粮就变成"阻碍科学发展"了！

转基因主粮真的能增产和减少农药使用吗？

如上所述，在转基因主粮争议中，首先应该考察转基因主粮到底有何优越之处。在极力推广转基因主粮的宣传中，我们偶尔可以见到的转基因作物的优越性——通常都是遮遮掩掩或轻描淡写的——只有两点：一，可以增产；二，可以抗虫所以可以减少农药的使用。如果这两点是确切的，堂堂正正地向公众说明不是更好吗？

而事实上，转基因作物可以增产、可以减少农药使用的说法，已经遭到多种来源的否定。这里只提供一个较新的例证：

新西兰坎特伯雷大学的 Jack Heinemann 教授等五人，2013 年在《农业可持续性国际期刊》上发表了一篇广受关注的论文，比较了北美（美国、加拿大）和西欧（法国、德国、荷兰、奥地利、比利时、卢森堡、瑞士）过去 50 年间的大豆、玉米和油菜籽种植，提供了详细的数据，这些数据表明：

北美从 1996 年起大规模种植上述三种作物的转基因品种，而上述西欧各国则依赖常规育种和加强农田管理等综合性措施，结果是非常耐人寻味的：北美和西欧的产量总体都在逐渐上升，但西欧的升幅更大；北美和西欧的农药使用都在逐渐下

科 学 外 史 II

降，但西欧的下降幅度明显大于北美。

　　与此相关的另一个值得重视的现象是：以北美和西欧允许种植转基因作物的西班牙为例，种植了转基因玉米之后，农民可供种植的玉米品种就急剧下降。这种对多样性的破坏也有很大的潜在危害性。

　　所以在上述案例中，转基因作物"可以增产"、"可以减少农药使用"这两个神话，都彻底破产。转基因作物非但无益，而且有害。看来这就是那些极力要推广转基因主粮的人不愿意堂堂正正地说明转基因主粮的优越性（如果真有的话），而是热衷于将公众的注意力转移到"转基因食品是否安全"的争论中去的原因了——毕竟，公然对公众和媒体说谎的风险，比转移公众注意力的风险要大得多。崔永元如果更重视这一点，他对对手的驳斥将更为有力。

为何要回避转基因主粮的专利问题？

　　美国前副总统戈尔在近作《未来》一书中揭示，极力在世界上推广转基因作物的美国孟山都公司"如今控制着世界上绝大多数种子的专利"，他引用美国种子专家尼尔·哈尔的估计，孟山都公司"已经控制了 90% 的种子基因"。对于这种高度垄断的状况，戈尔明确表达了批判的态度。

　　据有关学者最近的调查，目前孟山都公司仅在美国专利局，就拥有与 Bt 基因有关的有效专利 87 项，而孟山都公司的主要市场对手杜邦公司，也在美国专利局获得 74 项有效 Bt 基因专利保护。在其他国家专利局中，跨国公司也早将专利登记在册，随时可以启动司法诉求。与此相应，绿色和平组织2013年提交的报告《双重风险下的转基因水稻研究》中，主要结论认为：目前中国国内的三种转基因稻种，不仅涉及孟山都公司的专利，而且还涉及先锋公司和拜耳公司的专利。这些专利可能会对中国的粮食自主权、中国农民的生计、中国的粮食价格等方面产生负面影响。

耐人寻味的是，2014年第1期《三联生活周刊》上，当记者采访一位力主在中国推广转基因主粮的院士，请他就上述报告的结论发表意见时，这位院士的回答是："孟山都等公司确实有占领市场的商业目的，这点无可厚非。抗虫棉我们拥有自主知识产权，种植规模扩大后，从来没有发生国际纠纷。"——记者明明问的是转基因稻种的知识产权，根本没有问他抗虫棉啊！

这位院士的奇妙回答，值得稍稍解读一番。如果中国的上述三种转基因稻种中确实有孟山都等公司的专利，显然这位院士不愿意否认，因为这会变成公然对媒体说谎；但是他也不愿意承认，因为承认之后又如何说服中国公众接受这些转基因主粮呢？所以只能再次采用转移注意力的策略，顾左右而言棉花。另外，连戈尔都对孟山都公司的垄断持批判态度，这位院士却说"这点无可厚非"？

最近农业部下发《2014年农业科技教育与环保能源工作要点》，其中要求"严格进行转基因安全执法监管"、"加强转

基因安全评价信息公开、科普宣传"，这无疑是正确的。就"信息公开"和"科普宣传"而言，如果试图在中国推广转基因主粮的人，真的将爱祖国爱人民放到爱金钱前面了，如果转基因主粮对我们国家、我国农民和公众真的有利，就应该堂堂正正地向公众说明一切有关情况，而不是将公众和媒体的注意力误导到文不对题的、目前难以获得确切结论的争论中去。

　　说到底，在中国推广转基因主粮的真正动机到底是什么呢？

隐私与天书之基因伦理学

最严重的隐私，连自己都不敢窥看

隐私权是人权的一部分，所以在文明社会，公民的隐私权得到尊重。通常，隐私的内容，对于主体本人是开放的，每个人当然知道自己的隐私是什么。但是，其实还有一类更为严重的隐私——严重到连主体本人都不敢窥看！这样的隐私是什么？

这种最严重的隐私，是关于一个人的健康、寿命、死期、死因等。在现有的科学技术水准下，这些信息通常还无法确切预知，所以人们通常也还没有习惯将它们列为重要隐私。但是在科幻作品中，作家已经开始为我们思考：如果一个人知道了自己这方面的信息，比如自己的死期和死因，结果会如何呢？

以我见闻所及，讨论这一问题比较深入的作品，是倪匡的科幻小说《丛林之神》。小说中假想了一个外星文明遗落在南美丛林中的圆柱形仪器，能使人获得预知未来的超能力。原始部落的世袭巫师保有这具仪器，获得预知未来的能力，在部落中享有无上权威。后来大都市的上流社会人物将圆柱偷走，噩梦就开始了。偷走圆柱的是一个"富二代"的年轻医生，但他

获得了预知未来的超能力后，就性情大变——因为他知道了自己将会如何死去（死在脑手术的手术台上），从此行为乖张，度日如年，他的每一天都仿佛只是在等待已经判决的死刑何日实施。最终他死于非命，接着，所有获得圆柱所赋超能力的人无一善终。当圆柱来到卫斯理手中时，他在白素的督促下将它沉入了海底。

然而，这和基因伦理学有什么关系？好像还没有，但是很快就要有了。

借助《丛林之神》的故事，我们可以感觉到，一个人的健康、寿命、死期、死因等信息，其实是极其严重的隐私，它们确实严重到连主体本人都不敢窥看。至于具体用什么手段来得到这种隐私，在这里并不重要。

基因歧视的黑暗前景

十五年前有一部不太引人注目的科幻电影《千钧一发》（*Gattaca*, 1997），假想了一个反乌托邦色彩的未来世界，那时人类已经能够通过基因检测，预知一个人一生的健康状况：包括在几岁时患哪一种疾病的概率、寿命有多长、死于某种疾病的概率等——其实也就是上面所说《丛林之神》小说中那种严重到连主角自己窥看后都无法忍受的隐私，在这个世界中已经荡然无存。

不仅如此，那时人类还能够通过基因技术，对胎儿的形成实施干预，使得生下的孩子健康俊美、聪明长寿。于是地球上

电影《千钧一发》剧照

分成两类人：一类是出生前经过干预的"精英人类"，一类是自然生育的"瑕疵人"——因为自然生育的人不可能尽善尽美，"精英人类"理所当然地统治着整个社会，"瑕疵人"则只能从事低等的职业，比如清洁工之类。

影片通过假想的故事提出了一个致命的问题——基因歧视。如果基因检测真的能够将每个人的上述致命隐私一览无余，那么这些还能够成为隐私吗？谁又有权知道这些隐私？如果一个人基因检测的信息表明他未来易患病或短寿，那他将在求学、求职、求偶、晋升、贷款、投保等各种现代社会无法避免的事情上备受歧视！公司为何要录用一个"30岁时患心脏病的概率为70%"的人？银行将拒绝他的贷款申请，保险公司将要求他的保险金额比其他人高许多倍，更别说恋爱结婚了。这个人的一生将暗无天日。

影片中假想的通过基因干预生育优秀儿童，自然是基因歧视的一部分，或者可视为基因歧视的发展。影片没有想象这种干预如何实施。如果是一种非常昂贵的服务，那必然只有富人才能享受，这当然会使社会剧烈分化——"精英"们才有条件生育出下一代"精英"，继续进入统治阶层；社会下层的"瑕疵人"享受不起这种服务，就只能继续生育"瑕疵人"，永远留在社会底层。这将毫无公平可言。

大众媒体是怎样谈论"人类基因组"计划的呢？

注意影片《千钧一发》上映的年份是1997年。三年之后，一项被誉为"可以与征服宇宙相媲美"的、被称为生命科学的"登月计划"的科学成就隆重宣告达成——2000年6月26日，美国总统克林顿和英国首相布莱尔，在白宫和唐宁街同时宣布："人类基因组"草稿已经完成。到2006年，人类23条染色体的测序工作全部完成。

十几年间，"人类基因组"已经成为一个进入公众话语的词汇。提到"人类基因组"时，公众通常被告知的是：一部关于人类自身的"天书"被破译了，一部关于人类自身的"自传"被写成了。这是人类探索自身奥秘的里程碑，是继"曼哈顿计划"和"阿波罗登月计划"之后，人类科学史上的又一个伟大工程。英国记者Matt Ridley满怀豪情地对中国公众说："生活在这个时代，我们感到无比荣幸，因为我们对基因的了解达到了前所未有的程度，我们正站在一个即将登堂入室的门槛上！"

那么，好吧，我们跨过这个门槛之后，"登堂入室"的是一个什么世界呢？

科学家和大众媒体众口一词，告诉我们说，"人类基因组"图谱可以帮助我们治病，医学将进入一个新天地，我们的健康将有望大大改善，我们的寿命将有望大大延长，有人甚至已经开始谈论长生不老或永生。将公众的注意力集中到健康问题上，成为宣传"人类基因组"的主基调，正如一位中国科学院院士所说："人类基因组计划之所以引人注目，首先源于人们对健康的需求。……是每一个人、每一对父母、每一个家庭、

每一个国家政府所不得不考虑的问题。因为人类对健康的追求，从来都不曾懈怠过。"

但是，一些科学家心里明白但嘴上不说的、一些媒体人士心里不明白所以嘴上也不说的事实是——跨过这个门槛之后，我们将要去的地方，就是影片《千钧一发》中的世界！沿着现在的道路，不用走很远，当人类真的能够借助"人类基因组"图谱来治病时，基因检测就将使得每个人的健康隐私荡然无存。比如，那时求职、入职、入学的体检中，会不会包括一份基因检测报告？谈婚论嫁时，如果恋人要求提供基因检测报告，又将如何应对？

有人已经预言："我们将会面临一场新的战争，那就是——基因歧视。"十几年前克林顿已经签署过一项行政命令，要求"一切非军事单位和个人，都不得在人员雇用问题上把遗传信息作为标准"。但是立法的步伐和科学技术发展的速度相比总是非常缓慢的。况且即使有了法律法规，在科学技术面前也往往是软弱无力的，比如国内关于禁止在生育前检测胎儿性别的法规，就是一个例子。

采用基因干预的方法孕育"精英"儿童，或使自己获得长寿的想法，也必然极大地诱惑着富裕的夫妇们。且不说公平问题，即使仅从技术角度来考虑，这也不见得是好事。因为这会带来一系列伦理道德问题：如果只有少数人能获得长寿，围绕获得长寿的权力就会出现残酷争夺；如果人人都能长寿，则人口爆炸问题、生活资源和生存空间的争夺问题等就会变得异常尖锐。

　　在我们目前还没来得及为面对这些问题作好准备的情况下，对于"人类基因组"计划（以及一切类似的科学技术成就），一味传播盲目乐观的论调，对我们没有好处。人类在破译"天书"这件事情上一味高歌猛进，很可能未见其利，先受其害。如果"人类基因组"计划最终只是为我们的后代创造了一个《千钧一发》中的世界，那还叫什么成就？

核电站与原子弹：哪个更危险？

只报喜不报忧的"核电科普"

在福岛核电站泄漏事故闹得如火如荼的时候，我不止一次在采访中被媒体问到同一个问题：为何在书店找不到关于核泄漏、核辐射等方面的科普书？当然随后许多出版社马上就炮制出了一大批这方面的"急就章"书籍，但在福岛核电站泄漏事故之前，我也没有注意过这个问题——也许这个问题一直没有人注意过。

当时我对媒体的回答是：这和我们对科普的认识误区直接有关。我们多年来把科普看作一种歌颂科学技术的活动，在传统的科普理念中，科学技术可能带来的危害和负面作用，被排除在科普内容之外。例如有关核电科普，总是强调核电的"高效"和"清洁"，以及现代核电站是如何"安全"。但对核电站可能的危害则几乎总是绝口不提。切尔诺贝利核电站泄漏事故通常被认为是"环保"的话题，而不是科普的题中应有之义。

核电的"高效"，到现在为止似乎尚无问题，但"清洁"就很成问题。我们不能仅仅因为核电站不冒出火电厂烟囱通常要冒出的烟——现在还有更时髦的说法是碳排放——就断定核电站更清洁。

一座核电站只要一开始运行，即使是完全正常的运行状态，也不可避免地会有核辐射散布出来。核辐射无声无色无味，杀人伤人于无形，怎么能说是"清洁"的呢？当然，核电专家会向我们保证说，核电站在设计上有多重保障，即使有核辐射，也足以确保这些辐射是"微量"的，不会对人体有任何伤害。

但更大的问题是，一旦发生了福岛核电站这样的泄漏事故，辐射污染全面进入土壤、空气和海水，还谈什么"清洁"呢？换句话说，核电站对环境的潜在的污染可能性，远远大于火电厂的那些烟尘排放。

核电站比原子弹更危险

在我们地球上，核电站重大事故至少已经发生了三起：切尔诺贝利核电站事故、三里岛核电站事故、福岛核电站事故。小的事故就更多了，只是外界不曾注意而已。原子弹当然在核试验中爆炸过多枚了，真正用于战争而投放的则有过在日本广岛和长崎爆炸的两枚。但上述爆炸当然都不是事故，因为都是在受控状态下进行的。

那我们可不可以说：世界上的核电站至少已经发生过三起重大事故，而全世界的原子弹还没有发生过重大事故，因而，核电站比原子弹更危险？

也许有人会争辩说：谁敢保证原子弹没有发生过事故？即使发生了事故，军方也一定会全力将其掩盖起来。但电力公司也同样有掩盖核电站事故的动机，而原子弹如果真的出了重大事故，恐怕谁也没有能力面对无孔不入的西方媒体长期将其掩盖。

事实上，核电站确实比原子弹更危险——而且危险得多。

这里最根本的原因在于：核电站是要"运行"的，它要持续进行核反应，而投放爆炸之前的原子弹，并不处在"运行"状态中。

在福岛核电站事故之后，有一个已经去世十五年的日本人平井宪夫，重新被世人关注。因为他的遗作《核电员工最后遗言》早已预言了福岛核电站今天的命运——事实上现在的事态比他的预言更为恶化。

平井宪夫是核电技师，生前参加过日本多座核电站的建设，后来因为长期遭受核辐射罹患癌症，遂成为废除核电运动的积极分子，58岁时去世。他的《核电员工最后遗言》的最大价值，在于提供了来自核电建设和运行第一线的真实情况报告——这些情况与公众常见的"核电科普"以及核电专家的安全承诺大相径庭！

核电站的三个致命问题

平井宪夫书中最重要的贡献，是指出了如下事实：核电专家在纸面上设计出来的"绝对安全"的核电站方案，实际上是无法在施工和运行中实现的——因为人在核辐射环境中，生理和心理都使他无法正常工作。所以核电站无论设计多么合理，理论上多么安全可靠，在实际施工和维护时总是难以绝对保证质量。而设计核电站的人，当然不是那些在现场核辐射环境中施工或检修的工人。

平井在书中举过一个例子：有一次运行中的核电机组一根位于高辐射区的螺栓松了，为了拧紧这根螺栓，不得不安排了30个工人，轮番冲上去，每人只能工作几秒钟，有人甚至扳手还没拿到时间就到了。结果为了将这根螺栓拧紧三圈，动用了160人次，费用高达400万日元。

平井告诉读者，核电站总是将每年一度的检修维护安排在冬季，为的是可以招募农闲时的农民或渔民充当临时工，因为电力公司的员工们谁也不愿意去核辐射环境中工作。

核电就是这样一种要求工人定期在核辐射环境中工作，而且还会使周边居民长期在核辐射环境中生活的工业。毫无疑问，这是一种反人道的工业。

核电站的另一个致命问题，是它运行中所产生的放射性核废料。世界各国都为此事大伤脑筋，至今也没有妥善的解决办法。在这样因循苟且的状态中，核废料继续分分秒秒在产生出来，堆积起来。日本的办法，起先是将核废料装入铁桶，直接丢进大海（想想日本的渔业吧），后来决定在青森县建立"核燃基地"，计划在那里堆放300万桶核废料，并持续管理三百年。美国则计划在尤卡山的地下隧道存放77 000吨高放射性

核废料，但不幸的是他们现有的核废料已经足以填满尤卡山。而以核电产生的废料放射性钚239为例，它的半衰期长达两万四千年，持续管理三百年又有什么用呢？

核电站还有一个非常怪诞的问题——如果说世界上竟有一种只能开工运行却无法关闭停产的工厂的话，那大概就是核电厂了。因为核电厂的核反应堆只要一开始运行，这个持续高热的放射性怪物就如中国民谚所说的"请神容易送神难"——停产、封堆、冷却等，都需要持续花费极高的成本。例如，此次出事的福岛核电站一号机组，据平井宪夫披露，原本计划运行十年就要关闭的，结果电力公司发现关闭它是个极大的难题，只好让它继续运行。如今它运行了四十年终于出事。

核电站的上述三个问题，对原子弹来说都不存在。所以，运行核电站不是比存放原子弹更危险吗？核电站不是比核军备更应该反对吗？

追问核电：我们为什么要用越来越多的电？

全球的核电发展会因为福岛核电站事件而停滞吗？各国都有一些激进人士主张完全废止核电，但另一些人士则认为应该积极发展核电。主张发展核电的人甚至提出了"核电就是魔鬼，也只能与它同行"的说法。

要评判这个说法，首先应该思考一个问题：为什么我们总是不断地、毫无节制地增加对电力的需求？

现在，几乎全世界的人都在埋头奔向一种叫做"现代化"

的生活，而且已经停不下来了。我们正在一列叫做"现代化"的欲望特快列车上。我们已经上了车，现在发现谁都不能下车了，而且也没人能告诉我们，这列列车将驶向何方。更可怕的是，这列列车不仅没有刹车机制，反而只有加速机制。事实上，可以说我们已经被科学技术劫持了，或者说被"现代化"劫持了。正是这种状态，导致我们无休无止地增加对电力的需求，以满足我们贪得无厌的物欲。

如果没有切尔诺贝利，没有福岛，也许我们还有理由停留在"现代化"的迷梦中，但事到如今，我们实在应该梦醒，应该反思了！如果只能与魔鬼同行，那我们就应该问问，我们为什么还要在这条路上走呢？

科学政治学典型个案: 台湾"核四"争议

台湾"核四"争议由来

台湾地区的核电发端于 1955 年,当时那里的台电(台湾电力公司)成立了原子能研究委员会,开始收集核电资料,培训技术人员。台湾当局和美国签订了"和平利用核能协定",从美国引进核电。第一座核电厂(核一)于 1979 年开始运行,此后又分别于 1981 年、1984 年运行了核二、核三。这三座核电厂在建设和运行过程中基本上没有引发什么争议。

第四座核电厂,即著名的"核四",1980 年已提出建设计划,设计为两组 GE 公司的沸水式反应堆,总装机容量为 270 万千瓦。此时质疑的声浪开始出现,1986 年预算经费被冻结,1992 年解冻,1999 年终于正式动工,此后反复停工复工,至今仍未全部建成。但在此过程中,"核四"演变为蓝、绿阵营政治游戏中的重要筹码,并成为台湾地区政治生活中家喻户晓的公共话题,连女星林志玲都会对媒体表示她反对"核四"。

陈水扁上台之初,为履行选举中对反核人士的承诺,并推行"非核家园"理念,遂宣布不再执行"核四"兴建预算案,此举引发轩然大波，遭到泛蓝阵营的激烈批评。国民党重新执政后，马英九再次推动"核四"建设。但因福岛核电灾难的震动，台湾地区反核电声浪日益高涨，马英九重推"核四"，非但绿营继续反对，蓝营中也出现了明确的反对派，在电视辩论中连篇累牍地攻击马英九。

前不久国民党"民意代表"丁守中又提出议案，认为福岛核电灾难发生后，各方疑虑加深，因此应效仿美国的做法，将在建的"核四"改建为天然气发电厂。丁守中举例说，俄亥俄州的核电厂虽已完工95%，仍在1991年改建为火力发电厂，而密歇根州的核电厂，完工接近85%，也被改建。况且"核四"距离台北市仅二三十千米，万一发生核污染事故，后果不堪设想，"为了台湾的千秋万世，应全面规划将'核四'改装为天然气发电厂"。该提案获得在场朝野一致支持，于是通过决议，要求规划改建"核四"为天然气发电厂。

马英九在"核四"问题上当然有他的难处，他既要照顾到蓝、绿阵营的政策分野，却也不想冒天下之大不韪一意孤行，于是提出"核四公投"的解决办法。他最近表示：要让大家充分了解面对的挑战，建不建"核四"分别需要面对何种困难以及付出何种代价，再由全民决定"核四"是否停建。这是"前所未有的处理方式，唯有这样才能激起全民对这个问题的关心"。

核废料阴影下的台湾核电

最近台湾岛内围绕"核四"的争吵沸反盈天，这些争吵给

我的印象，是双方颇多意气之争。不过，"反核四派"提出的种种理由中，有些还是有说服力的。

其一是核电厂运行中产生的核废料问题。

从核电诞生之日起，放射性核废料就是一个非常棘手的难题，世界各国至今没有妥善的解决办法。美国很早就向外输出核电技术，但自己至今也找不出完善的解决方案。他们曾试图以邻为壑将核废料输出到别国，但现在已经不可能找到愿意接受的国家。美国鼓吹核电的学者甚至主张现在不必顾虑核废料问题，因为"后代一定比我们聪明，相信他们肯定会解决核废料问题"，这样极端不负责任的荒谬言论，实属骇人听闻。

台湾地区的核电运行三十多年来，已经积累了 15 000 多束用过的核燃料棒，都存放在核电厂的"燃料冷却池"里。这种存放原本应该只是临时性的，所以"燃料冷却池"的设计都相当简陋。按照反核电人士的普遍看法，"燃料冷却池"的安全隐患远比核反应堆本身更为严重，但因为公众一般注意不到这一点，核电厂方面自然绝口不提此事。

台湾核电的核废料因为找不到安放之处，就让它们一直在"燃料冷却池"里堆积起来。三处核电厂的"燃料冷却池"原本设计每处只能存放 2 000 多束，但现在核一厂的池中已经堆放了 5 500 多束，核二厂的池中已经堆放到 7 500 多束，远远超出了设计的承受限度。据说台湾核电厂"燃料冷却池"里的核废料堆放密度已属世界第一。

最近台电副总经理徐永华对媒体表示："核四"可以商业

运转四十年，若经国际许可还能再延役二十年，他保证"核废料六十年可以全部不外运"！"核四"厂长王伯辉也表示，该厂有得天独厚的设备，低放射性核废料可存于核废料区，高放射性核废料也不需要外运，"就放在原地好好管理"。现在"核四"一号机组的 872 束核燃料棒又已摆放到位，只等当局发照批准即可运行。但是，六十年后怎么办呢？

许多人关注核电安全问题时，往往只注意"万一核电厂出事怎么办"，核电方面也总是极力向公众保证，他们的核电厂如何安全可靠，其实，目前的核电厂即使正常运行，它仍然每时每刻都在"出事"——它在运行中所产生的核废料，正在不停地堆积起来。

质疑核电的必要性：真的缺电吗？

"反核四派"提出的另一个问题，表面上简单，背后却有深度，是一个更根本的问题，即：为什么需要"核四"？是台湾的电力不足吗？

台电每年年初都会公布本年度预期的用电数量，年终还会公布年度实际的用电数量。最近在关于"核四"的辩论中，有人指出，查阅 2000 年以来连续十二年的数据，发现台电每年年初所预期的用电量，都大于实际的用电量。这已经可以表明，以往十二年来，台湾的电力年年都是够用的。

而事实上，台湾的电力不仅够用，而且有余。因为台电所公布的预期用电量，本来就是留有余地的，它的发电量还可以

更大。这个余地在台湾有一个术语，称为"备载率"，根据前两年的公开数据，这个"备载率"为 23%—26%——也就是说实际发电能力还有 23%—26% 是备而不用的。如果"核四"投入运行，"备载率"可以上升到 31%。

那么台湾全岛目前的电力总量中，核电占了多大的比重呢？数据也是公开的，据台湾能源部门 2012 年度的数据，这个比重只有 18.4%——明显小于现有的"备载率"！也就是说，如果台湾所有的核电厂全部关闭，现有的发电能力也还是够用而且有余的。

类似的局面也可以从日本的情况得到旁证。2011 年 3 月福岛核电灾难之后，日本各核电厂的核反应堆纷纷停止运行。在这个预期电力会严重短缺的夏天，日本大力提倡节约用电，结果如何呢？统计数据令人大吃一惊！东电预期 9 月的用电量是 4 080 万千瓦，但东电实际拥有的发电能力是 5 510 万千瓦，也就是说，电力过剩 1 500 万千瓦。此时日本原有各核电厂的 54 座核反应堆中，只有 11 座在运行。如以每座核反应堆平均装机容量为 100 万千瓦估算，日本就是"零核电"，电力也已经完全够用了。

电力明明够用，为什么还要建新的核电厂呢？电力公司的理由是"为了发展"——将来会有更多的用电需求。但我们应该知道，人的欲望是没有止境的，如有更多的电可用，就会用更多的电，以"未来需求"的名义，在眼下就对自然实施疯狂的过度榨取，在本质上是极度愚昧的。我们的当务之急，不是建造新的核电厂，而是约束我们自己永无止境的物欲。这在全世界几乎所有的国家和地区都是一样的。

阿波罗登月：用科学工具竖一块冷战里程碑

为何关于登月造假的传说长期流行？

在许多传统"科普"书籍中，20 世纪 60—70 年代美国的阿波罗登月行动，总是被歌颂为人类科学技术进步的伟大里程碑，这种说法当然也被写进了有关的教科书中。

然而，长久以来，美国社会对阿波罗登月这一工程却始终存在着各种质疑的声音，许多著作认为，NASA（美国国家航空航天局）的阿波罗登月工程并未真正成功，人类并未真正登上月球，所谓的"登月工程"，实际上是用摄像机和照相机记录一系列精心伪造的登月证据，并利用普通公众不可能亲自验证这一事件的局限，将阿波罗登月工程"建构"成一项"事实"，然后通过强大的传媒灌输给美国和世界各国公众。

这种质疑阿波罗登月真实性的言论，当然也遭到许多热爱科学技术、热爱美国的人士的激烈驳斥。但值得注意的是，关于登月造假的指控和讨论持续了数十年，不仅没有随着时间流逝而渐趋沉寂，反而在近年隐隐有愈演愈烈之势，参与指控和讨论者的身份更加庞杂，质疑的版本也日渐繁多。这个奇特

的话题，似乎已经成为公众谈论科学文化、反思科学技术的平台。

更值得注意的是，这种质疑阿波罗登月的言论，同样在大众媒体上广受欢迎——显然比歌颂阿波罗登月是人类科技进步伟大里程碑的言论更受欢迎。例如 1978 年的美国政治幻想影片《摩羯星 1 号》(*Capricorn One*) 中的故事说，NASA 因为航天项目搞了十六年，耗费了巨额国帑却一直没有什么成果，已经越来越无法向国会和公众交代，于是首席科学家决定铤而走险，假造出一个震惊世人的巨大成果——发射"摩羯星 1 号"宇宙飞船，载人登陆火星。这部影片正是质疑阿波罗登月在公众中流行的典型作品，如果以中立的立场来看，会感觉到影片似乎就是为了回答那些对登月造假的驳斥而拍摄的。该影片曾被引进中国大陆公开放映，考虑到那时美国电影很难在中国大陆公开放映，《摩羯星 1 号》获此殊荣，可能和它有助于"揭露资本主义的腐朽黑暗"有关。

为什么人们热衷于质疑阿波罗登月行动的真实性？为什么别的科学成就很少遇到这样广泛而持久的质疑？这背后确实是有原因的。

真实的事情，虚假的定性

阿波罗登月到底是不是真实的？绝大部分公众当然不可能亲自去验证——无论是怀疑登月的质疑者，还是登月行动真实性的捍卫者，都是如此。所以大家都只能根据媒体上的材料进

1978 年上映的《摩羯星 1 号》电影海报

行间接推断。

从已经公布的材料来看，阿波罗登月工程曾数次遭到重大挫折，甚至发生灾难。例如，1967 年 1 月 27 日，"阿波罗 1 号"的三名宇航员在一次地面演习中被烧死在返回舱中；1970 年 4 月 11 日，"阿波罗 13 号"发射中运载火箭第二级发动机未能正常工作，在飞往月球的过程中第 2 号氧储箱破裂导致爆炸，三名宇航员借助登月舱才侥幸逃生。但这些挫折并不是人们质疑登月行动真实性的主要原因。

据说"几乎没有什么科学家会认真对待登月造假论的观点"，但人们也未见事主出来自辩清白或澄清事实，NASA 和当年的宇航员们似乎都对此没有兴趣。1999 年 7 月 20 日，在华盛顿国家航空航天博物馆举行的纪念登月三十周年的仪式上，副总统戈尔向当年"阿波罗 11 号"上的三名宇航员颁授奖章，表彰他们的贡献，这当然表示了美国政府的态度。但当年的登月英雄阿姆斯特朗，却依然拒绝参加任何记者招待会，拒绝签名，拒绝合影——几十年来他一直选择沉默。然而这些也不是人们质疑登月行动真实性的主要原因。

我和我指导的博士研究生史斌，前些年曾合作发表过一篇学术文本，讨论关于阿波罗登月造假的传说。我们考察了多种关于登月造假的质疑和指控，初步推断的结论是：阿波罗登月是真实的。基本事实大致如下：

阿波罗登月计划肇始于 20 世纪 50 年代末，1958 年 8 月 8 日，美国总统艾森豪威尔签署命令，指示由新成立的国家航天局负责执行载人太空飞行计划，拉开了登月进程的历史序幕。1961 年 5 月 25 日，肯尼迪政府正式推出阿波罗登月工程，其基本目标是："在这个十年结束之前，把一个人送上月球，并使其安全返回地球。"自宣布之日起，到 1972 年"阿波罗 17 号"飞船完成最后一次登月飞行止，阿波罗登月工程历时十一年，耗资 255 亿美元，先后完成 6 次登月飞行，把 12 人送上了月球。

然而，肯定了登月的真实性，并不能解释为什么会有那么多关于登月造假的指控。这里仍然有很大的研究和思考余地。现在看来，关于登月造假传说广泛流行的主要原因，是因为美国政府和世界各国公众及首脑都对此事作了虚假的定性。这种虚假定性是美国政府出于自身的战略需要而建构出来的，但是各国公众及首脑在科学主义思想的影响下，很自然地接受了这种定性。这个定性正是我们通常在教科书中见到的——阿波罗登月是人类科学技术发展的一个里程碑。

究竟是科学的里程碑，还是冷战的里程碑？

阿波罗登月当然是依靠科学技术来完成的，但这个行动本质上并不是一个科学行动，科学技术只是被它利用的工具。当人们习惯于将阿波罗登月和其他科学技术成就相提并论时，就特别容易掩盖这一点。这好比今天如果有人利用计算机犯罪，他这一行动的定性仍然只能是犯罪，而不能是计算机实验或计算机应用。

　　第二次世界大战结束后，世界分成两大阵营：以苏联为首的社会主义阵营和以美国为首的资本主义阵营。从20世纪50年代开始，冷战方酣，双方用直接军事冲突之外的手段激烈争夺。冷战的重要内容之一，就是要向世人证明，自己阵营的社会制度和意识形态比对方的优越。

　　怎样才算优越呢？民富国强当然是指标，但"科学技术先进"同样是最重要的指标之一。所以当苏联领先一步，成功实现了宇宙飞船载人飞行之后，社会主义阵营一片欢腾，意气风发。当时的苏联和中国报刊杂志上，以文章、诗歌和漫画等形式，连篇累牍地对这一成就进行激越赞颂和引申发挥。这种局面让美国政府坐不住了，总统肯尼迪急切地表示："如果有人能告诉我如何赶上去……没有比这更重要的事了。"

　　显然很快就有人告诉肯尼迪如何赶上去了——搞出一个比苏联的加加林上天难度更大的航天行动，来证明美国的科学技术比苏联的优越。阿波罗登月工程就是在这样的背景下出台的。所以这个工程从本质上来说就是一个政治工程。但是，这个政治工程背后所暗含的逻辑——证明我们的科学技术比对手先进，就证明了我们的社会制度和意识形态也比对手先进，就可以在冷战中坚定我方信心，提升我方士气——是不能对公众明说的，所以在一切公开场合，阿波罗登月工程都被建构成一个纯粹的"科学探索"行动。

　　那么当时的苏联阵营呢？由于自己在对加加林上天的赞颂和发挥中，率先引用了上述暗含的逻辑，现在这个逻辑既然已经转而对自己不利，也就更乐意接受美国政府对阿波罗登月的虚假定性，将它视为一个科学的里程碑，而不提它的政治性质了。这样我们也就不难理解，为何恰恰是在美国，会有那么持久和广泛的对阿波罗登月行动真实性的质疑，那是因为他们早已注意到它只是一场政治秀而已——他们会想：既然只是一场秀，何必劳民伤财地"真搞"呢？

日本25艘航空母舰点鬼录

——航空母舰往事（二）

日本"准航母"（直升飞机驱逐舰）近日被命名为"出云"号，为昔日帝国海军招魂之心昭然若揭。此时回顾一番日本海军的航空母舰往事，应该是合适的——历史已经证明，在军国主义的道路上没有好下场。

曾在太平洋上不可一世的日本"联合舰队"

世界上曾经大规模拥有航空母舰的国家，到目前为止只有三个：从数量和战绩上来说，位居第一的当然是美国，"二战"末期曾拥有上百艘航空母舰，第二是英国，第三就要数日本了。到"二战"结束时为止，日本海军先后拥有过25艘各种类型的航空母舰。

经过甲午战争和日俄战争两次胜利，日本海军逐渐壮大。花费了三十年穷兵黩武的时光，日本终于在太平洋战争前夕将自己的海军发展到了当时美国海军力量的70%。这个"七成兵力"使得日本军国主义者感到有了和美国开战的资本。当时在太平洋上，日本海军的"联合舰队"拥有10艘航空母舰，而盟国方面仅有美军的 3 艘和英军的 1 艘。日军占有明显的局部优势。1941 年 12 月 7 日的偷袭珍珠港之役，日军调集 6 艘航空母舰参战，这是日本海军的最后一次重大胜利，日军在太平洋上的局部优势进一步扩大。不过这次胜利为日本海军开启的却是地狱之门。

1942 年 6 月初的中途岛之战，日本"联合舰队"出动 185 艘舰艇，包括 8 艘航空母舰、525 架战机，美军只有 3 艘航空母舰，却出人意表以弱胜强，日军两天内损失 4 艘主力航空母舰，"联合舰队"从此盛极而衰，再也未能恢复元气。1944 年 6 月的马里亚纳群岛之战被称为史上最大规模的航空母舰之战，虽然日军仍能够调集 9 艘航空母舰参战，但此时他们面对的已经是美军的 24 艘航空母舰了。此战日军再遭败绩，又损失 3 艘航空母舰。

日本海军 25 艘航空母舰的下场

美国人为世界上出现过的每一艘航空母舰都建立了详细档案，包括现役的、沉没的，在建的、未建成而放弃的等，可以说一艘也不遗漏。例如在 2006 年出版的材料中，就包括了今天中国第一艘航空母舰"辽宁"舰的前身"瓦良格"号，并且注明在尚未完全建成的状况下售给了中国。所有的日本航空母舰当然也在其中，25 艘日本航空母舰绝大部分都在美军的攻击下沉入鬼域，下面就是它们的"点鬼录"（按沉没日期排序）：

祥凤号，满载 1.4 万吨，1942.5.8，被美国航空母舰击沉；

赤城号，满载 4.3 万吨，1942.6.4，被美国航空母舰击沉；

加贺号，满载 4.4 万吨，1942.6.4，被美国航空母舰击沉；

苍龙号，满载 2.0 万吨，1942.6.4，被美国航空母舰击沉；

飞龙号，满载 2.0 万吨，1942.6.5，被美国航空母舰击沉；

龙骧号，满载 1.0 万吨，1942.8.24，被美国航空母舰击沉；

冲鹰号，标准 1.8 万吨，1943.12.4，被美国潜艇击沉；

翔鹤号，满载 3.3 万吨，1944.6.19，被美国潜艇击沉；

大鹰号，满载 3.8 万吨，1944.6.19，被美国潜艇击沉；

飞鹰号，满载 2.9 万吨，1944.6.20，被美国航空母舰击沉；

大凤号，标准 1.8 万吨，1944.8.18，被美国潜艇击沉；

云鹰号，标准 1.8 万吨，1944.9.16，被美国潜艇击沉；

瑞鹤号，满载 3.3 万吨，1944.10.25，被美国航空母舰击沉；

瑞凤号，满载 1.4 万吨，1944.10.25，被美国航空母舰击沉；

千岁号，满载 1.5 万吨，1944.10.25，被美国航空母舰击沉；

千代田号，满载 1.5 万吨，1944.10.25，被美国航空母舰击沉；

神鹰号，标准 1.8 万吨，1944.11.17，被美国潜艇击沉；

信浓号，满载 7.3 万吨，1944.11.29，被美国潜艇击沉；

云龙号，满载 2.3 万吨，1944.12.19，被美军飞机击沉；

龙骧号（原大鲸号），满载 1.7 万吨，1945.3.19，被美军轰炸机重创，次年报废；

海鹰号，满载 1.7 万吨，1945.7.24，被美军飞机击沉；

天城号，满载 2.3 万吨，1945.7.24，被美国潜艇击沉；

岛根丸号，标准 1.2 万吨，1945.7.24，被美国航空母舰击沉；

凤翔号，满载 1.0 万吨，1947 年报废；

隼鹰号，满载 2.9 万吨，1947 年报废。

此外还有至少 9 艘航空母舰尚未建成，后被报废或取消，未计入上述 25 艘中。

所谓"被航空母舰击沉"，通常是指在航母对战中，被对方舰载战机攻击而沉没。

到太平洋战争后期，日军"联合舰队"的日子越来越难过。建造航空母舰和舰载战机的速度远远赶不上被击沉击毁的速度，日本海军不得不接管了多艘建造到半途的大型商船、油轮等，将它们改建成航空母舰，仓促投入战斗。而技术人员的培训无法一蹴而就，燃料紧缺又使得日军无法进行必要的实战训练，结果航空母舰这样复杂的战争机器有时竟只能靠生手和文职人员操作。最典型的是"信浓"号，这是日本建造的最大吨位的航空母舰，它在处女航中就遭遇一艘美军潜艇，潜艇向它发射了 6 枚鱼雷，4 枚命中，"信浓"号上的生手和文职人

员缺乏应对经验，乱成一团，致使"信浓"号 7 小时后沉没。类似的还有"云龙"号，入役数月，没有一架舰载战机升空过，就被美军飞机炸沉。

日本 25 艘航空母舰中命运最好的是"凤翔"号，它开工虽晚于英国的"竞技神"号，却更早竣工（1922 年底），于是竟享有"世界上第一艘真正的航空母舰"之誉。参加过中途岛之战，后来一直用作训练舰，故得免于葬身海底，至 1947 年报废拆毁。

日本航空母舰未掌握弹射技术

弹射起飞技术是航空母舰最关键的技术之一。这种技术能够使舰载战机以更大的载油量和载弹量从航空母舰上起飞，这就能使战机有更大的作战半径、更长的滞空时间、更强的战斗火力。蒸汽弹射技术成熟已久，美军现正研发下一代的电磁弹射。

在美国人建立的航母档案中，弹射装置是每艘航母的基本参数之一。登录在案的所有日本航空母舰，全部没有弹射装置，足见日本当时尚未掌握这一技术。而"二战"时的美、英航空母舰上，弹射装置已经普遍采用，类似于"标准配置"了。

印度近日高调下水的航空母舰"维克兰特"号，和"瓦良格"号类似，也是滑跃起飞的甲板，说明同样没有掌握弹射起飞技术。

关于"出云"号的命名

最后顺便谈一点与"出云"号相关的往事。日本海军原先的"出云"号，是一艘从英国购入的巡洋舰，虽然"战功卓著"，最终也未能逃脱被美军炸沉的命运。甚至还有一种说法（据说出自陈香梅），认为"出云"号巡洋舰是被中国空军击沉的，美军后来炸沉的是另一艘"出云"号。不管哪种说法，将新舰命名为"出云"号，都不是什么吉利的事情——中国古语有"一语成谶"之说，其此之谓乎?

据说这艘"准航母"原先还有一个命名方案是"长门"号，同样没有吉利可言。日本海军原先的"长门"号是一艘战列舰，到日本投降时，居然还未沉没，遂被美军缴获。按理说这个下场比"出云"号要吉利些，起码有望"寿终正寝"了吧? 谁知它的下场更惨。1946 年 7 月 1 日，美国在马绍尔群岛的比基尼岛环礁实施原子弹爆炸试验，目的是考察原子弹对航空母舰等大型舰艇的攻击效果，用作试验品的有两艘美军航空母舰和两艘战列舰、3 艘潜艇，其中就包括"长门"号战列舰。当第二颗原子弹在浅水中爆炸时，"长门"号战列舰瞬间被摧毁，沉入海底，和那些帝国海军的航空母舰作伴去了。

附注:

《航空母舰往事（一）》请见《科学外史Ⅰ》。

亦幻亦真

宇宙：隐身玩家的游戏桌，还是黑暗森林的修罗场？

莱姆的奇异小说

波兰作家斯坦尼斯拉夫·莱姆（Stanislaw Lem）初版于1971年的《完美的真空》，曾在国内最好的书店之一被尽职的营业员放入"文学评论"书架，而此书实际上是一部短篇科幻小说集。

之所以会出现这种状况，是由于莱姆别出心裁地采用评论一本本虚构之书的形式来写他的科幻小说——共16篇，每篇小说就以所虚构的书名为题，但这些被评之书其实根本不存在，全是莱姆凭空杜撰出来的。在文学史上，这种做法并非莱姆首创，在他之前已经有人用过。但是在科幻小说史上，莱姆也许可以算第一个这样做的人。在每篇评论的展开过程中，莱姆夹叙夹议，旁征博引，冷嘲热讽，插科打诨，讲故事，打比方，发脾气，掉书袋……，逐渐交代出了所评论的"书"的结构和主题，甚至包括许多细节。

我猜想，莱姆采用这种独特的方式来写科幻小说，目的是既能免去构造一个完整故事的技术性工作，又能让他天马行空

的哲学思考和议论得以尽情发挥。

但是《完美的真空》的最后一篇，也是最长的一篇，即《宇宙创始新论》，又玩出了更新奇的花样——这回不再是"直接"评论一本虚构的书了，而是有着多重虚拟：一部虚构的纪念文集《从爱因斯坦宇宙到特斯塔宇宙》中，有一篇虚构的《诺贝尔奖颁奖典礼上的发言稿》，发言者是虚构的物理学家特斯塔教授，他介绍和评论一本"对他本人影响至深"的虚拟著作《宇宙创始新论》，此书的作者阿彻罗普斯自然也是虚构的。

这可以说是莱姆所有科幻小说中最具思想深度的一篇。这篇小说——事实上它已经是一篇学术论文——主要试图解释这样一个问题：既然宇宙那么大，年龄那么长，其中有行星的恒星系统必定非常多，为什么人类至今寻找不到任何外星文明的踪迹？这就是所谓的"费米佯谬"，我在《新发现》的"科学外史"专栏第 27 期（2008 年 9 月）和第 44 期（2010 年 2 月）中已讨论过，下面要讨论的是更深一层的问题。

莱姆的宇宙：隐身玩家的大游戏桌

我们以前一直习惯这样的思想：宇宙（"自然界"）是一个纯粹"客观"的外在，它"不以人的意志为转移"，至少在谈论"探索宇宙"或"认识宇宙"时，我们都是这样假定的。这个假定被绝大多数人视为天经地义。

但是莱姆在《宇宙创始新论》中，一上来就提出了另一种可能——"宇宙文明的存在可能会影响到可观察的宇宙"。这种说法实际上也没有多么石破天惊，因为在"彻底的唯物主义"话语中，不是也一直有"征服自然"和"改造自然"的说法吗？这种"征服"和"改造"当然是由文明所造成的，那么莱姆上面的话不就可以成立了吗？

如果同意莱姆的上述说法，那么我们就可以继续前进了——人类今天所观察到的宇宙，会不会是一个已经被别的文明规划过、改造过了的宇宙呢？

莱姆设想，既然宇宙的年龄已经如此之长（比如150亿—200亿年），那早就应该有高度智慧文明发展出来了。这些早期文明来到宇宙这张巨大的游戏桌上，各自落座开始玩博弈游戏（比如资源争夺），经过一段时间之后，他们为什么不可以达成某种共识，制定并共同认可某种游戏规则呢？

如果真有这种情形，那么我们今天所观察到的宇宙，就很有可能真的是一个已经被别的文明规划过、改造过了的宇宙。这个宇宙不是只有一个造物主，而是有着"造物主群"。

这种全宇宙规模的规划或改造，为什么竟是可能的呢？莱姆是这样设想的：

工具性技术只有仍然处于胚胎阶段的文明才需要，比如地球文明。10亿岁的文明不使用工具的，它的工具就是我们所谓的"自然法则"。物理学本身就是这种文明的"机器"！

换言之，所谓的"自然法则"，只是在初级文明眼中才是

伟大的科幻小说家斯坦尼斯拉夫·莱姆

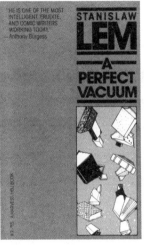

]版本的畅销科幻小说集《完美的真空》

"客观"的，不可违背的，而高级文明可以改变时空的物理规则，所以"围绕我们的整个宇宙已经是人工的了"，也就是莱姆所谓的"宇宙的物理学是它的社会学的产物"。

这种规划或改造，莱姆在《宇宙创始新论》中至少设想了两点：

一、光速限制。在现有宇宙中，超越光速所需的能量趋向无穷大，这使得宇宙中的信息传递和位置移动都有了不可逾越的极限。

二、膨胀宇宙。莱姆认为，"只有在这样的宇宙中，尽管新兴文明层出不穷，把它们分开的距离却永远是广漠的"。

宇宙的"造物主群"为何要如此规划宇宙呢？莱姆认为，在早期文明（即他所谓的"第一代文明"）来到宇宙游戏桌开始博弈并且达成共识之后，他们需要防止后来的文明相互沟通而结成新的局部同盟——这样就有可能挑战"造物主群"的地位。而膨胀宇宙加上光速限制，就可以有效地排除后来文明相互"私通"的一切可能，因为各文明之间无法进行即时有效的交流沟通，就使得任何一个文明都不可能信任别的文明。比如你对一个人说了一句话，却要等八年多以后——这是以光速在离太阳最近的恒星来回所需的时间——才能得到回音，那你就不可能信任他。

这样，莱姆就解释了地外文明为何"沉默"的原因——现有宇宙"杜绝了任何有效语义沟通的可能性"，所以这张大游戏桌上的"玩家"们必然选择沉默。同时莱姆也就对"费米佯谬"给出了他自己的解释：作为"造物主群"的老玩家们，在制定了宇宙时空物理规则之后选择了沉默，所以他们在宇宙大游戏桌上是隐身的。

在这样的规则之下，新兴的初级文明不可能找到老玩家们。那种刚刚长大了一点就向全宇宙大喊"嗨，有人吗？我在这儿"的文明，不仅幼稚，而且危险。莱姆将此称为"无定向广播"，也就是现今有些人士热衷的"METI 计划"，莱姆认为这"一概弊大于利"。

刘慈欣的宇宙：黑暗森林中的修罗场

在莱姆的设想中，宇宙的"造物主群"虽然强大而神秘，但未必是凶残冷酷的，"玩家们并不以关爱或者垂教的态度与年轻文明沟通"，他们既没有兴趣了解别的文明，也不让别的文明来了解自己，但他们"希望年轻的文明走好"，而不是穷凶极恶只要发现一个新文明就立刻毁灭它。

然而，在被誉为当今中国最优秀的科幻作家刘慈欣的小说《三体》系列中，一种悲观的深思臻于极致。在他笔下，宇宙从一张神秘的游戏桌变为"暗无天日"的黑暗森林。在《三体 II：黑暗森林》末尾他告诉读者："在这片森林中，他人就是地狱，就是永恒的威胁，任何暴露自己存在的生命都将很快被消灭。这就是宇宙文明的图景。"而他的"地球往事"三部曲的最后一部，书名是《三体 III：死神永生》。

"死神"是谁？就是莱姆笔下制定现今宇宙物理规则的玩

家，不过在《三体》中他们的规则是：一发现新兴文明就立刻
下毒手摧毁它。

在《三体 III：死神永生》中，刘慈欣让一个这样的玩家
现身了：

"我需要一块二向箔，清理用。"歌者对长老说。

"给。"长老立刻给了歌者一块。

……"您这次怎么这样爽快就给我了？"

"这又不是什么贵重东西。"

"可这东西如果用得太多了，总是……"

"宇宙中到处都在用。"

在这段对话中，"歌者"只是那个超级玩家文明中地位最
低的一个"清理员"，他申请这一小块"二向箔"干什么用？
用来毁灭人类的太阳系！方式是将太阳系"二维化"——使太
阳系变成一张厚度为零的薄片，我们的地球文明就此玉石俱
焚，彻底毁灭了。这种"维度攻击"，正是莱姆所设想的对时
空物理规则的改变。

想象与科学：地球毁于核辐射的前景

地球毁于核辐射的前景

如果想改变我们先前对科学技术那种近于痴情、单恋的看法，路径当然有不止一条，比如哲学思考之类，但最轻松的莫过于多看看科幻作品。看得多了，只要稍加思考，有些问题就会次第浮现出来。

比如，许多科幻作品中都想象了地球的末日，我们可以将这些想象中造成地球末日的原因分为两大类：第一类是外来的灾变，比如太阳剧变、彗星撞击等，总之是外来的不可抗拒之力所致；稍推广一点，则外星文明的恶意攻击，乃至《三体》中想象的"降维攻击"等，都可归入此类。第二类是人类自己的行为，在这一类型中，导致地球末日的原因，通常总是核战争或核灾难。

在许多末日主题的作品中，导致地球末日的原因和过程往往虚写，故事总是在地球废墟、逃亡中的宇宙飞船、已经殖民的外星球之类的环境中展开。比如经典科幻影片《银翼杀手》（*Blade Runner*，1981，据菲利普·迪克小说改编）、剧集《太

空战舰卡拉狄加》(*Battlestar Galactica*,2003,也可以算经典了)等,都是如此。

在这类作品中,地球还经常被写成一个久远的传说,因为它早已被人类废弃。最典型的例子是阿西莫夫的科幻史诗《基地》系列,当人们最终找到那个传说中人类起源于此的行星地球时,发现它是一颗废弃已久的死寂星球,上面"任何种类的生命都没有",因为极强的放射性使得"这颗行星绝对不可以住人,连最后一只细菌、最后一个病毒都早已绝迹"。

想象一个"没有我们的世界"

科学幻想的功能之一是所谓"预见功能"——这一点即使是盲目崇拜科学、拒绝反思科学的人也赞成的,但是仅仅靠小说电影这类虚构作品的想象,毕竟缺乏足够的说服力,于是有人弄出一部"幻想纪录片",来讨论地球的未来。

在通常的认识中,纪录片被视为某种意义上的"非虚构作品"——实际上也难免有或多或少的建构成分。有些幻想故事影片采用"伪纪录片"的形式拍摄,这种做法逐渐模糊了科学幻想与科学记录之间的界限。

这部由美国"国家地理频道"拍摄的《零人口的后果》(*Aftermath*:*Population Zero*,2008),来源于美国人艾伦·韦斯曼的非虚构作品《没有我们的世界》(*The World Without Us*,2007),此书的纪录片拍摄权出售给了"国家地理频道"。韦斯曼为了宣传此书,还到上海和北京出席了有关活动,与中国读者及相关学者共同研讨了一番"有关人类未来"的种种问题——尽管难免有点大而无当。在 2007 年举行的一场活动中，我也和韦斯曼讨论过一些这类问题。不过这部影片用了完全不同的片名，而且在片头片尾也没有找到"改编自韦斯曼"之类的字样。

几乎所有的科学幻想作品都是幻想"人类未来如何如何"，所以描绘人类突然消失以后的地球，确实不失为一个新思路。假如人类突然消失，地球会发生哪些变化？

消失两天后：管道堵塞，城市变为泽国；

消失一周后：因水冷却系统瘫痪，核电站的核反应堆毁于高温和大火；

消失一年后：大城市的街道纷纷开裂，并被杂草占据；

消失三年后：因为不再有暖气供应，大城市管道系统爆裂，建筑物开始瓦解；蟑螂和那些依附于人类的寄生虫早已死去；

消失十年后：木质建筑材料开始腐烂；

消失二十年后：浸在水中的钢铁锈蚀消融，铁路的铁轨开始消失，城市街道成为河流，野草侵夺了农作物的生存空间；

消失一百年后：来自北方森林中的牦牛占据了欧洲的农场，非洲象的数量有望增长 20 倍，大多数房屋屋顶塌陷；

消失三百年后：地球上的桥梁纷纷断裂；

消失五百年后：曾经是城市的地方已经变成森林；

消失五千年后：核弹头的外壳被腐蚀，其放射性污染

"This is one of the grandest thought experiments of our time, a tremendous feat of imaginative reporting!"
—Bill McKibben, author of *Deep Economy: The Wealth of Communities and The Durable Future*

THE WORLD WITHOUT US

ALAN WEISMAN

艾伦·韦斯曼的著作《没有我们的世界》书影

美国国家地理频道拍摄的纪录片《零人口的后果》

环境；

消失三万五千年后：泥土中的铅终于分解；

消失十万年后：大气中的二氧化碳终于降低到工业化时代之前的浓度；

消失一百万年后：微生物终于进化到可以分解塑料制品了；

消失一千万年后：青铜雕塑的外形仍然依稀可辨；

消失四十五亿年后：放射性铀 238 进入半衰期；

消失五十亿年后：太阳因进入晚年膨胀而吞噬了地球，地球的历史结束。

上面这些情景，并非纯粹出于幻想。对于人类突然消失后地球会发生哪些变化，可以依据现有的相关知识，结合地球上某些特殊地区的状态来推测。这些地区或是人类尚未大举入侵的，或是人类活动因战争之类的原因而停止了相当长一段时间的。后者看起来更具说服力。比如塞浦路斯东岸的旅游胜地瓦罗沙，因为战争而荒废了两年，结果街道上的沥青已经裂开，从中长出野草不说，连原先用作景观植物的澳大利亚金合欢树，也在街道中间长到一米高了。又如韩国和朝鲜交界处的"非军事区"，从 1953 年起成为无人区，结果这里变成各种野生动物的天堂，包括濒临绝种的喜马拉雅斑羚和黑龙江豹……

人类已经亲手毁灭了伊甸园吗？

人类在短时间内"突然消失"和逐渐衰亡并不一样——考

虑"突然消失"才更具戏剧性,作为思想实验也更具冲击力。
这和影片《后天》(*The Day After Tomorrow*,2004,以及随后
出版的同名小说)中的故事有点类似:地球环境突然变冷,于
是对人类构成了浩劫。如果逐渐变冷,人类有时间适应并采取
对策,就不成为浩劫了。

从现今的情况来看,在可见的将来,人类突然消失似乎
是不可能的,但作为假想,倒也不是全然没有可能。比如:某
种致命病毒的传播导致人类全体灭亡——这在玛格丽特·阿
特武德的小说《羚羊与秧鸡》中已经想象过了;或者是人类丧
失了生育能力,只有死没有生,由此逐渐"将这个星球还原成
伊甸园的模样"——这在影片《人类之子》(*Children Of Men*,
2006)中也想象过了。韦斯曼甚至还想象了"外星人将我们带
走"之类的可能。

想象一个"没有我们的世界",对于今天的我们有什么意
义呢?

站在地球的立场上看,总体来说,人类的退出不失为福
音。人类发展到今天,几乎已经成为地球上所有其他物种的天
敌。作为人类文明集中表现的城市,则成为高污染、高能耗的
大地之癌。越来越多的人开始认识到,城市已经不再能够让
生活变得更美好。《零人口的后果》或《没有我们的世界》至
少给了我们一个新视角,看看我们人类,对地球这颗行星都干
了些什么事啊!再联想到中国古代文学中"高岸为谷,深谷为
陵"、"三见沧海变为桑田"之类的意境,人类文明恍如南柯一

梦，最终都将归于寂灭虚无。看看这样的情景，至少也能让人稍微减少些钻营奔竞之心吧？

虽然在人类退出之后，大自然"收复失地"的能力之强、速度之快，都超出了我们通常的想象，但人类的活动已经给地球种下了祸根，人类目前是依靠自己的持续活动来保持灾祸不发作，一旦人类离去，灾祸就无可避免——最典型的就是核电站。人类天天严密看管着它们，还难免有恶性事故（比如切尔诺贝利、福岛的核灾难），一旦失去人类的管理，那些核反应堆和核废料，在此后漫长的岁月中，"都将成为创造它的智慧生物和靠近它的无辜动物的墓碑"。

所以，不管人类灭不灭亡，伊甸园已经毁在我们手里了。我们还能重建它吗？小说《基地》中所想象的死寂地球，还能够承载另一个新文明吗？

《黑客帝国》之科学思想史

《黑客帝国》发烧分类学

影片《黑客帝国》(*Matrix*，1999—2003)有发烧友无数，如要简单分类，可以有如下三种类型。说大一点，也可以说是关于《黑客帝国》的三种研究路径。

第一类可称为"知识索隐派"。他们干的可真是"体力活"，比如找来《新旧约全书》或《希腊神话指南》之类的书籍，从中逐一检索《黑客帝国》中的人名、地名、战舰名，诸如尼奥（Neo，"新"、"救世主"）、崔妮蒂（Trinity，"三位一体"）、莫菲斯（Morpheus，梦神）、锡安（Zion，古代耶路撒冷一个要塞）、逻各斯（Logos，宇宙之道）等，希望从中解读出隐喻的意义。又如对影片的海报、视频截图等下大工夫，检索出某一款海报中，尼奥手持的是 M-16A1 型步枪；或尼奥和崔妮蒂勇闯大堂的激烈枪战中，尼奥手中的捷克造 Vz61 "蝎"式冲锋枪跳出的弹壳特写却是一款手枪子弹的。

第二类可称为"合理解释派"。他们的主要兴趣是要将《黑客帝国》、《黑客帝国 2：重装上阵》、《黑客帝国 3：革命》

144

这三部影片中的故事，建构成一个能够前后照应、逻辑合理的框架。比如锡安、机器城和真实世界究竟是什么关系？尼奥到底是人类还是程序？如此等等。为此他们又经常需要依赖那部包括九个短片的《黑客帝国卡通版》来说事。通常，一个系统只要复杂到一定程度，就会产生无数问题，每个问题的答案又远远不止一个，于是我们平时所习惯的"真相"就会扑朔迷离。而《黑客帝国》系列的四部影片，思想驳杂，手法多样，已经构成了一个极其复杂的系统，足以将所谓的"真相"隐入千重云雾之中。所以这一派所从事的实际上是"Mission Impossible"——就是找沃卓斯基兄弟（后来变成了姐弟）亲自来讲解，也未必能够自圆其说。

第三类是笔者自己搞的，或可名之曰"科学思想史派"。我其实自认还够不上《黑客帝国》发烧友，比如"索隐派"那些体力活就让我望而生畏，不过十多年来，《黑客帝国》三部正片我看过五遍（每次都要将三部依次看完），那部《黑客帝国卡通版》也看了三遍。我的主要兴趣，是对影片故事情节背后的某些思想进行考察。

《黑客帝国》颠覆了实在论吗？

据说有史以来，从未有过影片像《黑客帝国》那样，引起哲学家们如此巨大的关注兴趣和讨论热情。许多西方哲学家热衷于谈论《黑客帝国》，特别是那些比较"时尚"的，比如齐泽克（Slavoj Zizek）之类。这确实是一个相当奇特的现象。而

中国的哲学家则大都"既明且哲，以保其身"，几乎从不谈论这个话题。也许他们觉得对自己也看不明白的《黑客帝国》不如藏拙为好？抑或觉得以哲学家之尊去评论这样一部"商业电影"有失身份？我不知道，反正我不是哲学家。

不过哲学家谈论《黑客帝国》，仍然难免"哲学腔"——用我们门外汉的大白话来说就是总爱说些一般人听不懂的话（当然仅限于我看到过的著述）。倒是有些出自非哲学家之手的文章，明白晓畅，也触及了相应的哲学命题。

如果让我尝试用大白话来说，《黑客帝国》的哲学意义，最具根本性的是这个论题：

一旦我们承认了 Matrix（所谓"母体"，即影片中电脑所建构的虚拟世界）存在的可能性，我们还能不能确定外部世界是真实的呢？我看到的答案通常都是否定或倾向于否定的，我自己思考的结果也是否定的。不难想象，这个否定的答案，对于我们多年来习惯于确认的外部世界的客观性（实在论），具有致命的摧毁作用。因为你一旦承认"母体"存在的可能性，那也就得跟着承认你此刻正在"母体"之中的可能性；而这样一来，你对外部世界的真实性就再也无法确定了。

上面这个问题，并非《黑客帝国》横空出世第一次提出，在此之前，哲学家们讨论的所谓"瓶中脑"问题，就是它的先声。在《黑客帝国》之前的某些科幻影片中，也已经或多或少地接触了这个问题，比如《银翼杀手》（*Blade Runner*，1981）、《十三楼》（*The Thirteenth Floor*，1999）等。但是它们都未能像

《黑客帝国》那样将这个问题表现得如此生动和易于理解。可以说，《黑客帝国》用最新建构的故事和令人印象深刻的情节，在大众面前颠覆了实在论。也许这正是哲学家热衷于讨论《黑客帝国》的原因之一。

《黑客帝国》如何看待人机关系？

《黑客帝国》第一部的故事，似乎并未脱出"人类反抗机器人统治"这一科幻电影中早已有之的旧题（比如《未来战士》系列）。但是影片在第二部结尾处，安排了尼奥和 Matrix 设计者之间一段冗长而玄奥的对话，设计者告诉尼奥不要低估 Matrix 的伟大，因为事实上就连锡安基地乃至尼奥本身，都是设计好的程序——他已经是第六任这样的角色了，目的是帮助 Matrix 完善自身。在此之前 Matrix 已经升级过五次了。

我们从《黑客帝国3：革命》中，其实看不到革命。我们能看到的，主要是 Matrix 和锡安基地之间一场冗长的攻防战。锡安基地本来不可能抵挡住机器兵团的进攻，但由于救世主尼奥徒手独闯 Matrix 核心，大展奇迹，与 Matrix 达成了和平协议——尼奥为 Matrix 除掉不臣的警探史密斯，Matrix 从锡安退兵。最终挽救了锡安基地，双方恢复共存状态。

有人认为第三部的所谓"革命"，指的是观念上的革命。

因为我们以前考虑人和计算机之间的关系时，不外乐观（相信机器永远可以为我所用）、悲观（相信机器终将统治人类）两派，这两派其实都是"不是东风压倒西风就是西风压倒东风"

的思想模式。据说《黑客帝国》第三部要革的，就是这个思想模式的命。取代这个模式的，则是"人机和谐共处"的模式。

第三部结尾处，Matrix 的设计者承诺：人类有选择的自由——既可以选择留在 Matrix 中，也可以选择生活在锡安的世界。留在 Matrix 意味着将自己的大脑（和灵魂）交给机器，但可以过醉生梦死的"幸福生活"；去往锡安意味着保持自由意志，但生活（的感觉）可能没有在 Matrix 中那么美好。

第三部结尾处有一个阳光灿烂的美丽场景，如果我们还记得影片中曾交代过，人类为了阻断机器人所依赖的太阳能，已经"毁灭了天空"——地球上永远是暗无天日的，那么此刻的阳光灿烂，当然可以解释为人机之间已达成永久和平，世界已经重归和谐美好。

但是且慢，这样的解释是无法成立的。既然锡安也只是一个程序，那它就必然是 Matrix 的一部分，那就意味着机器已经控制了整个世界。人类实际上不能在真实世界和 Matrix 之间选择，只能在 Matrix 中这一部分和那一部分之间选择。这样的生活，不是依旧暗无天日吗？不是依旧在"不是东风压倒西风就是西风压倒东风"的模式中吗？那个阳光灿烂的美丽场景，仍然只能是 Matrix 给人类的幻象。

所以我的结论是：《黑客帝国》在人机关系问题上肯定是悲观的。影片未能给出"人机和谐共处"模式取代"不是东风压倒西风就是西风压倒东风"模式的足够理由。而那场向观众许诺的革命，在影片中并未发生——也许永远不会发生了。

《云图》：平庸的故事，奇特的讲法

  影片《云图》上映之后，毁誉参半，还有许多人暗暗抱怨看不懂，却又被媒体上"高智商大片"之类的说法劫持，怕说自己看不懂《云图》被人笑话，只好硬撑着不声不响，甚至违心地跟着说好话。

  我对《云图》评价很低，可以说相当失望。且让我们心平气和地尝试分析一番。

有小故事，没新思想

  1977年《星球大战》（*Star Wars*，1977—2005）横空出世，向观众展现了奇幻的、前所未有的、令人震撼的景观，上映之初就震倒了一堆未来的科幻片大导演，那是靠景观成为科幻影片里程碑的，它在思想性方面则完全乏善可陈，所以我以前在影评中将《星球大战》称为"一座没有思想的里程碑"。但能否提供奇幻景观确实是评价科幻或幻想影片的两项重要指标之一。另一项更重要的指标是思想性，特别是思想的深度或高度，而科幻影片最有价值、也是最独特的思想性，就是对科学的反思。《黑客帝国》在这方面，迄今尚无影片能出其右，但

它在景观上也有相当令人震撼的呈现。

我主张评价科幻或幻想影片用上面的两项指标,是因为这两项指标通常是科幻或幻想影片最能够表现的,而且我们通常不会去苛求别的类型片在这两项指标上有出色表现。

《云图》被大部分媒体和观众视为科幻片,我也完全赞同。因为影片的六个故事中,至少有两个是典型的科幻主题和科幻形式:故事五,首尔 2144 年复制人星美 -451 的故事;故事六,人类文明衰落之后第 106 个冬天的故事。还有故事三,1973 年美国旧金山女记者和老博士揭露核电站黑幕的故事,也是典型的科幻影片主题,尽管没有采用科幻形式。

如果你采用上面这两项评价科幻影片的指标来衡量《云图》,你肯定会非常失望。

《云图》中的六个故事,从思想性来说,全都乏善可陈。其中看起来最有思想性的故事五,即复制人星美 -451 的故事,涉及了复制人的人权问题。但是熟悉科幻作品的人都知道,这个问题也可以平移为克隆人的人权问题,或者机器人的人权问题,而所有这类问题早就有科幻影片反复讨论过了。想想《银翼杀手》(*Blade Runner*,1981,复制人的人权)、《逃出克隆岛》(*The Island*,2005,克隆人的人权)、《变人》(*Bicentennial Man*,1999,机器人的人权)等影片吧,和它们相比,《云图》中星美 -451 的故事显得苍白无力。

另外五个小故事所表现的思想性,也都完全没有新意。例如,故事六描写了人类文明崩溃之后的世界,有人从中看到了"轮回"的观念，就感到"深刻"了，其实这种"文明崩溃—重建"的思想，在许多科幻作品中早就表达过无数次了。例如威尔斯（H. G. Wells）早在1895年的科幻小说《时间机器》（*The Time Machine*，也有同名电影）中，已经想象过公元802701年文明崩溃状态中的未来世界，那光景与《云图》故事六中非常相似。至于"轮回"，在《黑客帝国》第二部结尾处，造物主告诉尼奥，Matrix已升级过五次，尼奥已是第六任同一角色了，这不就是"轮回"吗？

顺便说说景观，《云图》中的景观平淡无奇，让人感觉不到任何科幻或幻想作品应有的惊奇，更不用说震撼了。例如故事五中，从星美-451的人物造型，到场景道具，无一不透出小制作平庸科幻片因陋就简的气息。

"有故事不好好讲"

不过我承认《云图》确实有一点创新，这个创新也确实有一点技术含量。这个创新一言以蔽之，就是"有故事不好好讲"。

《云图》将六个故事分别在时间轴上切成碎片，然后再将这些碎片逐渐拼贴起来，并且不断在六个故事之间跳转——先贴故事一的第一片，再贴故事二的第一片，……直到故事六的第一片；然后再贴故事一的第二片，接着是故事二的第二片，如此等等。最终仍然将六个故事都从头到尾讲完。

许多人不喜欢《云图》这种"有故事不好好讲"的叙述方

1895 年由伦敦 Heinemann 出版的广为人
知的《时间机器》书影

1895 年，Henry Holt 出版的美国版《时间
机器》，虽然比英国版早出版了几周，但
名气远远不如后者

式，但我倒愿意为《云图》找出两条辩护理由：

首先，如果平庸的故事还用正常的方式讲述，谁会有兴趣来听？所以必须用出人意表的方式来讲述，才有可能吸引观众，并将观众的注意力集中到如何搞清楚这六个故事上去，就可以掩盖这六个故事本身的平庸。

其次，这种支离破碎的叙述方式，本身确实暗含着一些技巧，我至少注意到了两点：

1. 节奏。这六个故事在时间轴上切片时，是越往后切得越小的，这样，随着各个故事情节的进展，不同故事间的跳转也越来越频繁，这就渐渐造成一种急管繁弦的效果，给观众以情节推进越来越快的感觉（其实只是加快了跳转的节奏，并未真正加快情节的推进），所以影片开头虽然有些沉闷，但明白是在平行叙述六个故事之后，越往后越能吸引人。

2. 在拼贴故事碎片时，巧妙运用了隐喻、互文之类的后现代手法。这一点说穿了其实非常简单，例如，第 N 个故事的第 M 碎片之后，可以让第 N + 1 个故事的第 M 碎片的场景或情节，形成对第 N 个故事的第 M + 1 碎片情节的隐喻。

这就是《云图》的创新。这种"有故事不好好讲"的创新，剑走偏锋，偶一为之尚可，但终究不足为法。所以《云图》是一部形式远远大于内容的作品。从影史的角度来看，它难免湮没在无数已问世和将要问世的电影作品之中，将来至多只会作为一部在叙事技巧方面有所探索的影片被人记起。其实这种技巧也并非《云图》首创，至少在近百年前格里菲斯的影

片《党同伐异》(*Intolerance*，1916)中已经使用过了。

《云图》与《黑客帝国》相比落差太大

影片《云图》如果出自一般导演之手，无疑也可以算及格线之上的作品，不幸的是它出自名字永远和《黑客帝国》联系在一起的沃卓斯基（Wachowski）姐弟之手。

平心而论，我最初对《黑客帝国》系列的评价虽然不低，但并未将它们视为巅峰之作，后来随着看过的科幻影片和读过的科幻小说越来越多，我对《黑客帝国》系列的评价就越来越高——真是有比较才有鉴别啊！《黑客帝国》系列我迄今已经整整看过五遍，那部有九个短片的《黑客帝国卡通版》（可以帮助加深对《黑客帝国》的理解），也看过三遍了。我越来越理解，为什么作为科幻影片，《黑客帝国》竟能够破天荒吸引一众哲学家来研究它、讨论它，讨论它所涉及的哲学问题（比如外部世界的真实性问题、"瓶中脑"问题、人工智能的前景问题等）。《黑客帝国》三部曲，思想有深度，故事有魅力，视觉有奇观，票房有佳绩，"内行"激赏它的门道，"外行"也能够享受它的热闹。可以说，世上自有科幻影片以来，作品之全面成功，未有如斯之盛也。

超越前贤很难，超越自己往往更难。沃卓斯基姐弟在推出《黑客帝国》这样的巅峰之作后，再要超越自己确实也非常非常困难了。在《黑客帝国》之后，《云图》之前，沃卓斯基姐弟只有两部作品：2005 年的《V 字仇杀队》(*V for Vendetta*，

2005）据说剧本早在《黑客帝国》之前就有了，这是幻想作品中反乌托邦传统下的一部佳作，尽管名头远不及《黑客帝国》，但若与《黑客帝国》比肩倒也不致汗颜。而 2008 年的《极速赛车手》(*Speed Racar*)则几乎没有引起什么反响。《云图》当然也不可能成为沃卓斯基姐弟的"中兴"之作——他们只是在其中玩了一把技巧而已。

《地狱》：人口困境的非法解

将丹·布朗看成科幻作家如何？

我近年"亲近科幻"，对科幻就变得敏感起来，观览所及，常见科幻。我发现有些作家的作品，明明是地道的科幻，却一直没有被大家视为科幻作家；还有一些从一开始就被定位为"科幻作家"的，有的作品中却很不科幻。看来一个作家是否被定位为"科幻作家"，未必完全依据他的作品。我们国内有不少人将科幻视为低端、低幼、小儿科的东西，要是国外作家本人或他的出版商也有类似观念，或许他们也会不愿意自居科幻。

丹·布朗就是一个这样的例子。他的六部小说按照出版年份依次是：《数字城堡》（1998）、《天使与魔鬼》（2000）、《骗局》（2001）、《达·芬奇密码》（2003）、《失落的秘符》（2009）和《地狱》（2013）。其中除了名头最大的《达·芬奇密码》是北京世纪文景文化传播有限公司的出品，其余五部都由人民文学出版社出版。这五部小说都可以算完全够格甚至是很地道的科幻小说：

丹·布朗出版于 2003 年的
畅销小说《达·芬奇密码》
英文原版书影

　　《数字城堡》简直就是前不久斯诺登所揭露的美国"棱镜门"的预告版。互联网对公众隐私的侵犯问题，是许多科幻作品的常见主题之一。

　　《天使与魔鬼》以物理学中的"反物质"研究为包装，讨论今天人类的科学发展是不是太快、会不会过头的问题，以及宗教在这个问题上可以扮演何种角色。

　　《骗局》假想了 NASA（美国国家航空航天局）因虚耗国帑难以向政府和公众交代，遂制造惊天骗局的故事。和 1978 年的好莱坞科幻影片《摩羯星一号》（*Capricorn One*）不无异曲同工之处。

　　《失落的秘符》神秘主义色彩较浓，所谓"人可以成为神"

这样一个命题，其实就是西方科幻作品中常见的关于"超能力"问题的有关思考。

《地狱》——正是本文下面要讨论的。

但是丹·布朗从未被中国人当成科幻作家。非常有趣的是，据说《达·芬奇密码》的销售量超过了其余四部之和（《地狱》的销售刚刚开始，当然无法计入）。可见科幻作品哪怕"隐瞒身份"之后，还是难免相对小众。

《神曲》做罩袍：文艺范，高大上

先声明一句，我本人对于"剧透"完全免疫，故自己写书评影评时，但凭行文需要，对"剧透"也从不避忌。因此如有极热爱丹·布朗同时又对"剧透"过敏的读者，建议不要阅读本文以下部分——直至结尾。

《地狱》的故事其实并不复杂：一个生物遗传学方面的狂热天才佐布里斯特，认为现今人类世界许许多多问题的总根源是人口过剩，遂高调招募信徒，要用生物学手段来解决这一问题。因为人们推测他的"生物学手段"很可能意味着大规模人口死亡，他当然被视为潜在的恐怖分子，受到联合国有关部门的严密监控。不料佐布里斯特棋高一着，最终还是成功实施了他的计划。

这样一个"纯科幻"的故事，又能有罗伯特·兰登教授什么事呢？那是因为偏偏这个佐布里斯特又有着极度病态的美学追求，他竭力要在实施计划时做得极富仪式感、神圣感，要让后人充分认识到他所做的事情是何等的石破天惊、万古不灭——最好是将他本人看成上帝再临人世。而他的灵感源泉就是但丁的《神曲·地狱篇》。

《神曲》是西方文学殿堂中的无上经典，而且它也可以和"科学"扯上关系，例如根据《神曲·天堂篇》来讨论中世纪的宇宙观念之类。虽然"地狱"暂时还没有被扯上这样的关系，但它可以提供浓厚的宗教和神秘主义色彩，这样一来兰登教授和他那一肚子"符号学"就大有用武之地啦。所以，《神曲》是丹·布朗披在这个"纯科幻"故事身上的一件华丽罩袍。用严锋教授的话来说，这是一件"文艺范，高大上"的罩袍。

罗伯特·兰登迄今已是丹·布朗四部小说中的主角，这四部小说分别以四座名城作为主要故事场景：《天使与魔鬼》中是罗马，《达·芬奇密码》中是巴黎，《失落的秘符》中是华盛顿，《地狱》中是佛罗伦萨——既然选定但丁的《神曲》作罩袍，那就注定要在佛罗伦萨了。兰登总是对这些名城中的每一处历史建筑了如指掌，甚至熟悉那些古老建筑中每一处罕为人知的密室和暗道。这当然是因为丹·布朗写作前对那座城市做足了功课。难怪他平均要三年才完成一部"罗伯特·兰登系列"。

《地狱》设想的人口过剩问题解决方案

丹·布朗最初被引入中国的小说是《达·芬奇密码》，最

在《地狱》中，丹·布朗提出了一个颇为严酷却巧妙逃避了道德拷问的人口过剩问题的解决方案

畅销的也是这一部，但在我"科幻有色眼镜"的不无偏见的标尺衡量之下，《达·芬奇密码》却黯然失色，真正让我开始对丹·布朗另眼相看的是他的《天使与魔鬼》。因为他在这个科幻故事中展示了相当深刻的思想，特别是靠近结尾处，教皇内侍的那段长篇独白（在小说中长达十几页），简直就是一篇反科学主义纲领下的科学社会学或科学伦理学论文！

丹·布朗的小说已有两部拍成电影，即《达·芬奇密码》和《天使与魔鬼》。拍成电影对小说销售当然有促进，但影片《天使与魔鬼》在我看来却乏善可陈，因为小说中的思想性在影片中未能得到充分表现。

而《地狱》虽然也未能免俗，它用《神曲》和但丁撩拨文学青年的心弦，用佛罗伦萨数不清的历史建筑、著名雕塑和绝世名画向旅游爱好者暗送秋波，但它仍然能够像一部合格的科幻小说那样，展现相当的思想深度。

地球人口过剩问题确实存在，《地狱》中佐布里斯特将当代的能源短缺、环境污染乃至更多的问题都归咎于人口过剩，也能在相当程度上言之成理。但如何解决人口过剩问题，却是一个极度敏感的问题——它会在转瞬之间从人们想象中的"科学问题"转变为棘手的甚至无解的伦理问题和政治问题。

例如，如果承认人口过剩，那逻辑上必然要求减少人口，或降低人口增长。可是如何减少人口？让地球人口大规模死亡吗？佐布里斯特就鼓吹"黑死病带给欧洲的是文艺复兴"这样耸人听闻的论点，那让哪些人死亡？又有谁有权来决定别人的

死亡呢？这立刻就成为无解的伦理问题。类似问题在科幻小说中早就有人讨论过，比如日本作家清凉院流水的《日本灭绝计划》、倪匡的《一个地方》等，都直接涉及了这个问题。

将问题从"人口死亡"转为"降低人口增长"，仍然无法从伦理死胡同中走出来。降低增长就要限制生育，但是哪些人应该被限制？哪些人又有权生育更多的子女？再往下想，连当年纳粹德国的"优生学"都悄悄探出了脑袋，反动啊……

到这里，我不得不同意给丹·布朗同学的《地狱》试卷一个比较高的分数。他是这样解决问题的：

佐布里斯特搞出了一种病毒，这种病毒对人"无害"，只会让人丧失生育能力。而且佐布里斯特最终阴谋得逞——当小说中的英雄美人们九死一生找到病毒源头，连佐布里斯特的帮凶们也全都改邪归正时，却发现该病毒已经有效扩散到了全世界！

那人类不就要灭绝了吗？幸好不会，因为这种病毒只会随机地使三分之一的宿主丧失生育能力。也就是说：佐布里斯特用非法手段"改造了人类这个物种"，使该物种的总体繁殖能力下降了三分之一。

小说中的正面人物们最终感觉这个结果可能是可接受的。随机抽选三分之一，至少从形式上绕开了"哪些人应该被限制生育"这个伦理难题。而佐布里斯特的行为被界定为非法，则让丹·布朗自己逃脱了"谁有权改造人类"的道德拷问。

《自然》杂志与科幻的不解之缘

《自然》杂志"从无影评惯例"吗？

最近科幻影片《地心引力》（*Gravity*）热映，2013 年 11 月 20 日，《自然》杂志于显著位置发表了《地心引力》的影评，称它"确实是一部伟大的影片"。这篇影评让许多对《自然》杂志顶礼膜拜的人士感到"震撼"，他们惊呼：《自然》上竟会刊登影评？还有人在微博上表示：以后我也要写影评，去发 Nature ！一家具有全国性影响的报纸也称《自然》杂志"从无影评惯例"。于是这篇平心而论乏善可陈、几乎没有触及影片任何思想价值的影评，被视为一个异数。

然而，这个"异数"对于《自然》杂志来说，实属"不虞之誉"——因为《自然》杂志不仅多年来一直有刊登影评的"惯例"，而且有时还会表现出对某些影片异乎寻常的兴趣。例如对于影片《后天》（*The Day After Tomorrow*，2004 ），《自然》上竟先后刊登了三篇影评。更能表现《自然》刊登影评"惯例"之源远流长的，可举 1936 年的幻想影片《未来事件》（*The Shape of Things to Come：the Ultimate Revolution* ），根据科幻

作家威尔斯（H.G. Wells）的同名小说改编，属于"未来历史"故事类型中最知名的作品。《自然》对这部作品甚为关注，先后发表了两篇影评，称其为"不同凡响的影片"。

《自然》杂志对科幻电影所表现出来的浓厚兴趣，对那些在心目中将它高高供奉在神坛上、尊其为"世界顶级科学杂志"的人来说，完全出乎想象。

《自然》杂志上评论过的 20 部影片

多年以来，《自然》一直持续发表影评，到目前为止评论过的影片已达 20 部，其中较为著名的有《2001：太空奥德赛》《侏罗纪公园》《接触》《X 档案》《后天》《盗梦空间》等，甚至还包括在中国人观念中纯属给少年儿童看的低幼动画片《海底总动员》! 下面是这 20 部电影的一览表：

导　演	电　　影	年份	主题
Fritz Lang	《月亮上的女人》(*Frau im Mond*)	1929	月球旅行
Alexander Korda	《未来事件》(*Things to Come*)	1936	乌托邦
Stanley Kubrick	《2001：太空奥德赛》(*2001：A Space Odyssey*)	1968	太空探索
George Miller	《罗伦佐油》(*Lorenzo's Oil*)	1993	新技术
Steven Spielberg	《侏罗纪公园》(*Jurassic Park*)	1993	克隆技术
Andrew Niccol	《千钧一发》(GATTACA)	1997	基因技术
Roger Donaldson	《丹特峰》(*Dante's Peaks*)	1997	火山灾难

（续表）

导　演	电　影	年份	主题
Carl Sagan（作者）	《接触》(Contact)	1997	地外文明
Miriam Leder	《大冲撞》(Deep Impact)	1998	末日灾难
Jonathan Hensleigh	《绝世天劫》(Armageddon)	1998	末日灾难
Robert Mandel et al.	《X档案》(X-Files)	1998	遭遇外星人
A. C. Stanton Jr.	《海底总动员》(Finding Nemo)	2003	冒险故事
Roland Emmerich	《后天》(The Day After Tomorrow)	2004	气候与环境
Nick Hamm	《天赐》(Godsend)	2004	克隆技术
Darren Aronofsky	《珍爱泉源》(The Fountain)	2006	寻求永生
Danny Boyle	《太阳浩劫》(Sunshine)	2007	末日灾难
Randy Olson	《极热》(Sizzle)	2008	气候变暖
Andrew Stanton	《机器人瓦力》(WALL.E)	2008	人工智能
Christopher Nolan	《盗梦空间》(Inception)	2010	现实与梦境
Alfonso Cuarón	《地心引力》(Gravity)	2013	太空探索

　　那些因为《自然》杂志上刊登了《地心引力》影评就感到"震撼"的人，看了上面这个表又将作何感想？

《自然》杂志上的科幻小说

　　仅这20部在《自然》上被评论的电影——注意影评的

篇数明显更多，因为不止一部影片获得过被数次评论的"殊荣"——还远远不足以表明《自然》杂志与科幻之间的"恩爱"程度。

2005年，"欧洲科幻学会"将"最佳科幻出版刊物"（Best Science Fiction Publisher）奖项颁给了《自然》杂志！一本"顶级科学杂志"，怎会获颁"科幻出版刊物"奖项？在那些对《自然》顶礼膜拜的人看来，这难道不是对一本"顶级科学杂志"的蓄意侮辱吗？《自然》杂志难道会去领取这样荒谬的奖项吗？

事实是，《自然》杂志坦然领取了上述奖项。不过《自然》科幻专栏的主持人亨利·吉，事后说过一句很有意思的话：颁奖现场"没有一个人敢当面对我们讲，《自然》出版的东西是科幻"。

等一下！有没有搞错——《自然》杂志上会有科幻专栏吗？

真的有，而且是科幻小说专栏！

从1999年起，《自然》新辟了一个名为"未来"（Futures）的栏目，专门刊登"完全原创"、"长度在850—950字之间的优秀科幻作品"。专栏开设一周年的时候，就有七篇作品入选美国《年度最佳科幻集》（Year's Best SF），而老牌科幻杂志《阿西莫夫科幻杂志》（Asimov's Science Fiction）和《奇幻与科幻》（F&SF）这年入选的分别只有两篇和四篇。2006年《自然》杂志更是有十篇作品入选年度最佳。

事实上，科幻在文学领域一直处于边缘，从未成为主流，相比科学更是大大处于弱势地位。在这种情形下，《自然》杂志开设科幻小说专栏，对科幻人士无疑是一种鼓舞，他们很愿意向外界传达这样一个信息：科幻尽管未能进入文学主流，却得到了科学界的接纳。于是在极短时间内，它就汇集了欧美一批有影响力的科幻作家，"未来"专栏几乎成为一个科幻重镇。这些作者可以分成三类：

第一类是专职科幻作家。其中包括克拉克（A. C. Clark）、爱尔迪斯（B. Aldiss）、女作家厄休拉·勒奎恩（U. K. Le Guin）、欧洲科幻"新浪潮"代表人物莫尔科克（M. Moorcock）等科幻界元老。中青代科幻作家中则有文奇（V. Vinge）、索耶（R. J. Sawyer）、拜尔（G. Bear）、阿舍（N. Asher）等知名人士。

第二类是写作科幻的科学人士。尝试科幻创作最成功的，有加利福尼亚大学物理天文学系的本福特（G. Benford）和NASA的天文学家兰迪斯（G. A. Landis）。而生物学家科恩（J. Cohen）和数学家斯图尔特（I. Stewart）则既在《自然》上发表学术论文，也发表科幻小说。还有将科幻创作当成业余爱好的科学人士，以及《自然》杂志的一些编辑。

第三类是业余科幻作者。其中小说《爸爸的小错算》（*Daddy's Slight Miscalculation*）的作者居然只是一个11岁小女孩——那些梦寐以求要在《自然》这家"顶级科学杂志"上发文章的人听了会不会吐血？

威尔斯为何无法成为皇家学会会员?

　　我和我已经毕业的博士穆蕴秋小姐，近年在对《自然》（*Nature*）杂志进行科学史和科学社会学研究时，注意到不少相关的有趣问题，其中之一是关于英国著名科幻作家威尔斯（H. G. Wells，1866 —1946 年）能否成为皇家学会会员的争议。

威尔斯在《自然》杂志上的特殊地位

　　过去一个多世纪中，威尔斯或许可以算世界上最知名、作品传播范围最广、影响最大的科幻作家，他在科幻历史上占有无可争议的地位，而且他还广泛涉猎其他领域。相当出乎现今学术界及公众想象的是，威尔斯和英国著名科学杂志《自然》之间，有着长达半个世纪的、非常深厚的渊源关系。这种渊源关系前人极少关注，而且很可能在《自然》杂志现今风格的形成过程中，产生过关键性的影响。

　　帕丁顿（J. S. Partington）编纂过四部和威尔斯有关的文集，其中《〈自然〉杂志上的威尔斯》(*H. G. Wells in Nature, 1893—1946: A Reception Reader*，2008)，跨越"科学史"和

"科幻"两个领域，收录了《自然》杂志上与威尔斯相关的66
篇文章——这个数量在《自然》杂志历史上是极为罕见的。该
书出版后，国际科学史最权威的杂志《爱西斯》(*Isis*)和科幻
领域的杂志《科幻研究》(*The Study of Science Fiction*)都发表
书评做了介绍。

《自然》杂志上与威尔斯相关的文章其实还不止66篇之
数，这些文章大致可分成三类：

第一类是威尔斯在《自然》杂志上署名发表的文章，共计
26篇，《〈自然〉杂志上的威尔斯》只收录了其中13篇。这些
文章涉及生理学、心理学、植物学、人类学、通灵术等，也包
括现今意义上的"科普"和科学社会学性质的文章。

第二类是《自然》杂志上对威尔斯40部著作的36篇评论
(有时数部作品合评)，这些威尔斯著作包括科幻作品11部、
政治作品14部、历史及传记作品5部、经济作品2部和一般
的小说及文集4部。

第三类是涉及威尔斯的文章，共17篇，包括社会活动、
"科普"、社会观点、文学等，以及一篇讣告。

上述三类文本时间跨越半个多世纪，从1893年至1946年
威尔斯去世。威尔斯去世后《自然》杂志对他的关注也没有终
结，后来至少还发表过两部他个人传记的评论。威尔斯与《自
然》杂志渊源之深，由此可见一斑——作品在《自然》杂志
上发表如此之多，《自然》杂志对他作品又关注评论如此之勤，
这样的关系，现今任何人都难以企及。

威尔斯其人和他的晚年心病

威尔斯1884年入英国南肯辛顿科学师范学院（今伦敦帝国理工学院分部），正逢赫胥黎（T. Huxley，1825—1895年）在该校教授生物学，他的生物学观点对威尔斯产生了很深的影响。作为伦敦著名的"X俱乐部"（X Club）核心成员，赫胥黎还是《自然》杂志的主要创刊人——杂志创刊语正是出自他的笔下。X俱乐部是19世纪英国著名科学团体，由赫胥黎等九人组成。除哲学家斯宾塞（H. Spencer，1820—1903年）外，其余八人皆为英国皇家学会成员，他们在1869年共同创办了《自然》杂志。

但威尔斯早期生涯并不顺遂。由于地理科目考试失败，威尔斯毕业时未能获得学位，他只能辗转执教于一些私立学校。直至1890年他才获得理学学士学位——这次他以优异的成绩通过了地理考试。1893年威尔斯结束教书生涯，开始专职写作。他除了定期在一些刊物上发表文章之外，还尝试创作科幻小说，他这方面的天分很快脱颖而出，1895年的小说《时间机器》（Time Machine）为他带来了举世瞩目的声誉。

成名后威尔斯一面继续科幻小说创作，一面开始承担起公共知识分子的角色，对各领域中的问题发表看法，他涉及的各类话题中，甚至有对通灵术的讨论。而《自然》杂志就成为他发表看法的主要刊物。

虽然威尔斯多年来持续向世人展示他在各个领域的丰富知识，但他得到公认的成就还是科幻小说创作。1999年11月4

日,《自然》杂志新辟"未来"专栏,专门刊登短篇科幻小说,社论把这一新举措的历史渊源追溯至威尔斯 1902 年发表的文章《发现未来》(*The Discovery of the Future*),尽管《自然》杂志的科幻历史渊源事实上另有源头。

1966 年,伦敦帝国理工学院举办威尔斯诞辰一百周年纪念活动,因提出"两种文化"观点而知名的斯诺(C. P. Snow,1905—1985 年)撰写了纪念文章。斯诺披露了一件鲜为人知的事情:尽管威尔斯在文学领域已有无可争议的声望,但他更在意的却是另一件事——渴望成为英国皇家学会成员,斯诺说:"这样的想法并没有随着威尔斯逐渐年老而消退,而是变得愈发强烈。尽管越来越失望,但他坚持认为,只有进入皇家学会才能证明自己的成就。"

"他们都行,为什么威尔斯不行"?

《自然》如今被看作"顶级科学杂志",在中国更有着神话般的声誉和地位,但这种"高贵"形象背后的真实情形究竟如何呢?威尔斯的遭遇或许有助于我们获得正确认识。

年过七十之后,威尔斯向伦敦大学提交了博士论文并获得了博士学位——《自然》杂志居然刊登了这篇论文的节选。斯诺认为这是威尔斯"为了证明自己也能从事令人尊敬的科学工作"。一些和威尔斯交好的科学人士,如著名生物学家、皇家学会成员赫胥黎(Sir J. Huxley,1887—1975 年),曾努力斡旋推举他进入皇家学会,但结果未能如愿。这件事成了晚年困扰

威尔斯的心病。1936 年，他被推举为英国科学促进会教育科学分会主席，但这也"治愈"不了他，他认为自己从未被科学团体真正接纳。

斯诺曾提到皇家学会拒绝威尔斯的理由："皇家学会当前只接受从事科学研究或对知识做出原创性贡献的人士为会员。威尔斯是取得了很多成就，但并不符合可以为他破例的条件。"前面已经提到，仅威尔斯本人就在《自然》杂志上发表了 26 篇文章，但这些文章显然并没有被英国皇家学会承认为"科学研究或对知识做出原创性贡献"的成果。换言之，威尔斯并没有因为在《自然》杂志上发表了这么多文章而获得"科学人士"的资格（建议读者对照前些年中国国内"在《自然》上发一篇文章当院士就是时间问题"的传言）。

从实际情形来看，皇家学会对威尔斯个人似乎并无偏见，因为即便是为威尔斯抱不平的斯诺，也持同样观点。斯诺为威尔斯辩护说：皇家学会一直实行推选制，被推选的人中不乏内阁大臣和高官——甚至就在威尔斯落选前两三年，还有多名政客高官入选。斯诺因此替威尔斯叫屈："这些非科学人士为国家作出过杰出贡献，当然没错；他们当选是荣誉的象征，实至名归；但问题是，他们都行，为什么威尔斯不行？"斯诺明确指出非科学人士也可入选英国皇家学会，他想要争取的只是让威尔斯享有和其他杰出非科学人士的同等待遇。

按照学界规则，寻求被同行接纳最直接有效的方式，就是在正规学术期刊上发表文章表达自己的成果和观点。但是，被

《自然》杂志"宠爱"了半个多世纪的威尔斯，却始终未能获得英国主流科学共同体的接纳。这只能证明，至少到20世纪40年代，《自然》杂志在英国学界眼中还只是一份普通的大众科学读物——我们今天所说的"科普读物"。而在科普读物上发表文章，无论数量、质量和社会影响达到怎样的程度，对于提升作者在科学界的学术声誉看来都毫无作用。

地 外 文 明

从德雷克公式到SETI

——寻找外星人的科学故事之一

　　有人说，现代人谈论外星人（或 UFO），其实和古代人谈论神仙、妖怪是一样的。如果将这里的"一样"理解为心理上的，我想那是很有可能成立的。不过现代人和古代人有一件事情不一样——现代人有"科学"而古代人没有。

　　有了科学就会有"科学研究"，而进行"科学研究"就有一系列实施的行动。没有科学的古人会"入山修道"，这实际上是一种试图寻找神仙、接近神仙的行动。而有了科学的现代"主流科学共同体"，虽然经常对于外星人这个话题嗤之以鼻，但他们有时候却也会将"科学研究"的工夫做在寻找外星人这件事情上。

德雷克公式：从 1 到 1 000 000

　　1960 年，美国天文学家弗兰克·德雷克（Frank Drake）发起了搜寻地外文明——简称 SETI（Search for Extraterrestrial Intelligence）——的第一个实验项目"奥茨玛计划"（Project Ozma）。次年，第一次 SETI 会议在美国绿岸举行。德雷克在

会议上提出了一个公式，用于估测"可能与我们接触的银河系内高等智慧文明的数量"。这个公式通常被称为"德雷克公式"（Drake equation），有时也被称为萨根（Carl Sagan）公式。公式是七项数值的乘积，表达如下：

$$N = R^* \times f_p \times n_e \times f_l \times f_i \times f_c \times L$$

其中：

N 表示银河系内可能与我们通讯的高等智慧文明数量；

R 表示银河系内恒星形成的速率；

f_p 表示恒星有行星的概率；

n_e 表示位于合适生态范围内的行星平均数量；

f_l 表示以上行星发展出生命的概率；

f_i 表示演化出高等智慧生物的概率；

f_c 表示该高等智慧生物能够进行通讯的概率；

L 表示该高等文明的预期寿命。

由于公式右端的七项数值中，没有任何一项可以精确计算或测量出来，都只能间接估计、推算得出，而各人的估算差异很大，所以得出的左端 N 值也就大相径庭。极端数值竟在 1 与 1 000 000（一百万）之间。这两个极端皆有实例。

卡尔·萨根估算出来的 N 值就为 1 000 000 的量级。他还相当倾向于相信外星人曾经在古代来到过地球。有趣的是，据说德雷克估算出来的 N 值却是 1——这意味着断定宇宙中（或至少在银河系中）只有我们地球人类是唯一的高等智慧文明。十多年前我在中国科学院上海天文台工作时，曾听过当时的台

弗兰克·德雷克在分析从"奥茨
玛计划"中接收到的数据

长赵君亮教授的一次演讲，他在演讲中逐项估算了德雷克公式
右端的七项数值，最后成功地将左端的 N 值推算成 1。所以他
的结论自然就是：寻找外星人没有什么实际意义（因为银河系
只有我们地球一个高等文明）。

搜寻外星人发出的无线电信号

实施 SETI 计划的理论依据，是和 20 世纪中期天体物理
学进入全新阶段的大背景密切联系在一起的。

第二次世界大战结束之后，大量雷达天线退役废弃，不料

人们发现这些天线可以用来"看"肉眼看不见的东西——人类肉眼可见光本来只是整个电磁辐射频谱中很小的一段，而雷达天线可以接受非常宽阔的辐射范围。作这种用途的雷达天线被称为"射电望远镜"，于是一门新的天文学分支"射电天文学"热烈登场。一时间，射电望远镜成为非常时髦的科学仪器，西方不少天文学家甚至在自己家后院里也装置一个（有点像我们现在装的小型电视接收天线）。在 20 世纪五六十年代，使用射电望远镜得到了一系列重要的天文学发现，有人还凭借这方面的成果获得了诺贝尔物理学奖，"射电天文学"由此成为显学。

在这样的背景之下，德雷克于 1960 年在国家射电天文台发起"奥茨玛计划"——用 26 米直径的射电望远镜搜寻、接收并破译外星文明的无线电辐射信号——自然是非常紧跟潮流之举。当时德雷克曾以为果真检测到了这样的信号，但后来发现这只是当时军方进行的秘密军事试验发射出来的；其余的信号都是混乱的杂音。

那么外星人到底会不会发射无线电信号呢？这实际上也是根据地球人类的科技发展情况而作出的假设。1959 年天文学家 G. Cocconi 和 P. Morrison 在《自然》上发表的《寻求星际交流》一文，如今已被该领域的研究者奉为"经典中的经典"，其中提出了利用无线电搜索银河系其他文明的构想。

德雷克的上述计划，通常被认为是最早的 SETI 行动，虽然没有检测到任何最初希望的信号，但也引起了其他天文学家的兴趣。20世纪70年代末，NASA曾采纳了两种SETI计划并给予资金资助，但几年之后终止了资助。其后还有别的SETI项目相继展开，并一直持续至今。比如后来有凤凰计划（Project Phoenix），它曾被认为是SETI行动中最灵敏、最全面的计划，打算有选择地仔细搜查200光年以内约1 000个邻近的类日恒星——假定了这些恒星周围有可能存在可供生命生存的行星。苏联科学界也曾对SETI表现出极大的兴趣，在20世纪60年代也实施过一系列搜索计划。

搜寻外星人的群众运动

大型射电望远镜虽然很先进，但它观测所得的数据浩如烟海，要及时对这些数据进行处理却成了难题——工作量实在太大了。于是人们想出一种经济可行的办法——让拥有个人电脑的普通人利用自己电脑的闲置时间来帮助处理数据。志愿参加者每次可从专用网址下载阿雷西博射电望远镜最新的观测数据，利用计算机进入屏幕保护状态时的空闲时间对这些数据进行处理，完成后可将数据发回研究人员处，再下载新的数据。研究人员称："这好比是在一堆干草里找一根针，干草仍是那堆干草，但有许多普通人帮助，找起来可以仔细得多，所以总有一天能找到的吧——如果那根针存在的话。"当然，这项活动迄今并未取得人们期望的成果。所以，也难怪许多科学家认为SETI计划是没有意义的。

对于寻找外星文明的群众运动，天文学家萨根作出了他自

己独特的贡献——写一部关于 SETI 的畅销小说，并将它拍成电影！

在轰动一时的电视系列片《宇宙》将他推上文化名流的地位之后，萨根为他构想中的科幻小说《接触》(Contact) 准备了一份写作计划，1980 年 12 月 5 日分送九家出版社进行投标，结果西蒙 & 舒斯特出版社以预付 200 万美元稿费的出价中标。为一部尚未动笔开写的小说竟预付如此惊人的稿费，在当时实属空前之举。

小说《接触》在签约时就预定在 1984 年搬上银幕拍成电影。在萨根心目中，最像样的文艺形式莫过于电影——据说这与他父亲当过电影院检票员有关，所以他对于电影《接触》的筹拍十分投入。但是在好莱坞制片人眼中，SETI 这样的玩意儿毕竟不那么吸引人，和小说的惊人身价不同，《接触》的剧本在好莱坞成了流浪儿——从一个制片人手上转到另一个制片人手上，转眼十几年过去。直到 1997 年电影《接触》（常见的中译名是《超时空接触》）才终于公映。

和现实中的情形不同，小说和电影中的 SETI 行动取得了重大成果——女主角（其实是萨根自己的化身）的研究小组真的接收到了外星发来的无线电信号，而且对这些信号解读的结果表明，这是完整的技术文件，指示地球人建造一艘光速飞船（实际上就是时空旅行机器，乘上它可以到达织女星）。于是美国政府花费了 300 亿美元将飞船造成，女主角艾博士争取到了乘坐飞船前往织女星的任务，她童年的梦想眼看就要成真⋯⋯

不幸的是，影片《接触》上映时，萨根已在半年前撒手人寰，他最终未能看到自己编剧的电影上映，恐怕难免抱恨终天。但是他的这部小说和同名电影，确实让 SETI 的名字和活动更广泛地进入了公众的视野。

围绕METI行动的争论

——寻找外星人的科学故事之二

"喂！我在这儿！"

上篇文章谈到的 SETI 行动，实施到今天已经半个多世纪了，虽然催生了《接触》之类的科幻作品，但迄今未获得任何实际上的"科学成果"。于是有些人感到这样"被动"地搜寻外星人信息还不是理想的办法，他们要"主动出击"，向外星人发送我们地球人类的信息。这种行动被称为 METI 行动（Message to the Extra terrestrial Intelligence），有时也被称为 Active SETI。

METI 行动主要可以归纳为两大类：第一类是用巨型无线电天线向外星发射无线电信号；第二类是用类似"漂流瓶"的方式向茫茫宇宙送出带有地球信息的物件，这可以称为"宇宙漂流瓶"。

第一类 METI 行动试图向外太空发射定位无线电信号，告知地外文明人类的存在。选定目标的依据，主要是猜测哪些星体有可能拥有类似地球的行星系统，因而也就有可能发展出某种类似地球人类的高等文明。迄今为止，比较有影响的向外太空发射无线电信号的 METI 项目共实施了四次（详见第 190 页表）。

这种主动向外星人打招呼的行动，与人类儿童的某些行为相当类似。例如，儿童们喜欢招惹旁人对自己的注意，他们经常会主动向旁人说："喂! 我在这儿!"

至于"宇宙漂流瓶"方案中，最著名的自然是那张所谓的"地球名片"。卡尔·萨根曾参与过"水手 9 号"、"先驱者"系列、"旅行者"系列等著名的宇宙飞船探索计划，他和德雷克（Frank Drake）设计了那张著名的"地球名片"——镀金的铝质金属牌，上面用图形表示了地球在银河系中的方位、太阳和它的九大行星、地球上第一号元素氢的分子结构，以及地球上男人和女人的形象。1972 年 3 月 2 日和 1973 年 4 月 5 日，美国发射的"先驱者 10 号"和"先驱者 11 号"探测器上都携带了这张"名片"。

METI 行动引发的激烈争议

METI 行动刚一实施，就在科学界引发了激烈争议。1974 年 11 月 6 日，在第一个星际无线电信息通过阿雷西博雷达被发往 M13 球状星团后，当年的诺奖获得者、射电天文学家马汀·赖尔（Martin Ryle）就发表一项反对声明，他警告说，"外太空的任何生物都有可能是充满恶意而又饥肠辘辘的"，并呼吁针对地球上任何试图与地外生命建立联系和向其传送信号的行为颁布国际禁令。

名称	阿雷西博信息 ARECIBO MESSAGE	宇宙呼唤 1999 COSMIC CALL	青少年信息 TEEN AGE MESSAGE	宇宙呼唤 2003 COSMIC CALL
日期	1974-11-16	1999-7-1	2001-9-4	2003-7-6
国家	美国	俄罗斯	俄罗斯	美国、俄罗斯、加拿大
发起者	德雷克、萨根等	萨特塞夫等	萨特塞夫等	萨特塞夫等
目标星体	M13 球状星团 Hercules	HD190363Cygnus HD190464 Sagitta HD178428 Sagitta HD186408Cygnus	HD95512Ursa Major HD 76151 Hydra HD 50692 Gemini HD 126053 Virgo HD 193664 Draco	Hip4872 Cassiopeia HD245409 Orion HD75732 Cancer HD10307Andromeda HD95128Ursa Major
所用雷达	Arecibo	Evpatoria	Evpatoria	Evpatoria
持续时间	发射 3 分钟	发射 960 分钟	发射 366 分钟	发射 900 分钟
发射功率	83 千焦耳	8 640 千焦耳	2 200 千焦耳	8 100 千焦尔

赖尔的声明随后得到一些科学人士的声援，他们认为，METI 有可能是一项因少数人不计后果的好奇和偏执，而给整个人类带来灭顶之灾的冒险行为。因为人类目前并不清楚地外文明是否都是仁慈的。或者说，对地球上的人类而言，即便真的和一个仁慈的地外文明进行了接触，也不一定会得到严肃的回应。在这种情形下，处于宇宙文明低端等级的人类，贸然向外太空发射信号，将会泄密自己在太空中的位置，从而招致那些有侵略性的文明的攻击。因为地球上所发生的历史一再证明，当相对落后的文明遭遇另外一个先进文明的时候，几乎毫无例外，结果就是灾难。

反对 METI 行动的科学家并非仅仅依据猜测，他们的思想是有相当深度的。例如，以写科幻而知名的科学家大卫·布林（David Brin），提出了他称为"大沉默"（Great Silence）的猜想。他认为，人类之所以未能发现任何地外文明的踪迹，是因为有一种还不为人类所知晓的危险，迫使所有其他文明保持沉默。而人类所实施的 METI 计划，无异于是宇宙丛林中的自杀性呼喊。在一篇文章中，布林提醒 METI 的支持者们：

如果高级地外智慧生命如此大公无私，却仍然选择沉默，我们难道不应该……至少稍稍观望一下？很有可能，他们沉默是因为他们知道一些我们不知道的事情。

从宇宙尺度上来考虑，如果没有一个文明认为有向其他文

明发射信号的必要，那么 SETI 所实施的单向搜索其实毫无意义，它注定将永远一无所获。

METI 的拥护者当然不会同意这样的观点。作为继阿雷西博信息之后三次 METI 项目的主要发起者和最积极的拥护者，俄罗斯科学家亚历山大·萨特塞夫（Alexander L. Zaitsev）坚持认为，METI 对人类而言，不仅不是一种冒险，而且还非常必要。萨特塞夫认为，人类从外星文明那里获得的，将不是危险而是学问，外星文明可能会传授给人类知识和智慧，把人类从自我毁灭如核战争、生化战争或环境污染中挽救过来。这种想法无疑是对几位 SETI 先驱们所持观点的一种继承。

这种期望地外文明来充当人类"救世主"的想法，发展到极致，就是刘慈欣笔下《三体》中的"地奸领袖"叶文洁了。

只 SETI 不 METI，就安全吗？

一些人士认为，人类只需实施 SETI，而应禁止进行 METI。卡尔·萨根后来也表达了这样的想法，他同意"我们应该监听而不是发射信号"，因为"比我们先进得多的其他宇宙文明，应该有更充足的能源和更先进的技术来进行信号发射"，而我们这样做"是和我们在宇宙中落后的身份相符的"。

不过还有一种看法认为，从地球辐射到太空中的无线电波，比如军方的雷达系统等，早已经很醒目地暴露了地球文明的存在位置，地外智慧生命如果存在的话，迟早都会发现这些信号。所以，对人类而言，现在保持沉默为时已晚。

这种观点作为支持 METI 的间接论据，尽管流传颇广，但并非如它表面看来那样具有说服力。因为一般而言，军方雷达信号在几光年的范围内，就已消散到了星际噪声水平之下，很难被探测到。而通过大型射电天文望远镜（雷达）发射的定位传输信号就不一样，它们的功率比前者强了好多个量级，要容易被捕获得多。

这种争论虽然技术性很强，但由于缺乏实验证据，目前也只能停留在理论思考的阶段。但是，像 METI 这样还没有明确其利弊后果的事情，有什么必要急煎煎去做呢?

火星文明从科学课题变成幻想主题

——寻找外星人的科学故事之三

火星曾经是科学的大热门

火星在我们太阳系诸行星中非常特殊。位置适当的时候，火星可以成为天空中仅次于月亮和金星的明亮天体，它以闪耀的红色吸引了古代东西方星占学家的目光。中国古代称它为"荧惑"，在星占学占辞中，荧惑通常总是和凶兆联系在一起，比如：

荧惑守角，忠臣诛，国政危。

荧惑主内乱。

荧惑者，天罚也。

最严重的火星天象是"荧惑守心"，这是极大的凶兆，汉代的帝王曾经因为这个天象而撤换宰相。

在古代西方，火星始终是战神之星——苏美尔人的Nergal，古希腊人的Ares，直到今天全世界通用的罗马人的火星星名Mars，都是各自神话中的战神。

伽利略1610年发表他用望远镜所作的天文观测之后，火星很快成为最受望远镜青睐的行星，随着望远镜越造越大，对火星的观测成果也越来越丰富，关于火星上的"运河"、"人脸"等的绘图或照片，都曾经让一些人热血沸腾。即使对于正统的天文学家来说也是如此，而另一些半正统的科学家关于"火星文明"的研究则更为狂热。

比如19、20世纪之交的美国富翁洛韦尔（P. Lowell），在亚利桑那州建立了一座装备精良的私人天文台，用十五年时间拍下了数以千计的火星照片，在他绘制的火面图上竟有超过500条的"运河"！他先后出版了《火星》（*Mars*，1895）、《火星和它的运河》（*Mars and Its Canals*，1906）和《作为生命居所的火星》（*Mars As the Abode of Life*，1908）等著作，汇集他的观测成果，并表达了他的坚定信念：火星上有智慧生物。洛韦尔用这种方式，成功地"强行"进入了天文学史——如今许多天文学史著作都会提到他。

大科学家们的火星通讯方案

与火星上的文明进行沟通，曾经是19世纪欧洲科学界非常时髦的事情。许多在科学上留下过鼎鼎大名的人物，比如物理学家特斯拉（N. Tesla）、发明无线电的马可尼（G. Marconi）、优生学家高尔顿（Sir F. Galton）、数学家高斯（Karl F. Gauss）等，都曾发表过他们设计的与火星文明交流的方案。

高尔顿很可能是最早提出接收火星信号设想的人，1896年他在《双周评论》（*The Fortnightly Review*）上发表文章，虚

1914年，美国富翁、天文爱好者
洛韦尔在进行天文观测

拟了火星人主动发送光信号与人类进行沟通的场景，他甚至设
计了一组用于两颗星球之间进行简单语义沟通的莫尔斯代码。
而特斯拉1901年在《科里尔周刊》(*Collier's Weekly*)上发表了
名为《和行星交谈》(*Talking With the Planets*)的文章，宣布已
经发明出一种向火星发射无线电信号的设备，还声称已经用这
架机器接收到了来自火星的无线电信息。不过这些说法后来都
未得到确切的证实。

　　另一位热衷接收火星信号的人物是马可尼，和特斯拉一
样，他在1919年也声称接收到了"来自其他星球的无线电信
号"。由于马可尼在无线电领域的声望，这一消息立刻引来关
注，他本人也决定进行接收火星信号的实验。据《纽约时报》

报道，1922 年 6 月 16 日，他乘私人游轮 Electra 号穿越大西洋，希望在海上接收到来自火星的信息。不过在随后接受记者采访时，马可尼表示"没有令人激动的消息要向外宣布"。

与前面那类假定火星人可能会主动和人类交流的探索活动相对应的，是设法主动与假想中的火星文明进行交流。

数学家高斯曾设想和假想中的"月亮人"进行交流。1826 年 10 月《爱丁堡新哲学杂志》(*Edinburgh New Philosophical Journal*) 刊登一篇匿名文章《月亮和它的居住者》(*The Moom and its Inhabitants*)，其中提到高斯和天文学家格鲁伊图伊森（F. von Gruithuisen）在一次谈话中认为，在西伯利亚平原建造巨型几何图形作为和月亮人交流的标识物是可能的。而在高斯的私人通信中，高斯曾提出过另一种与月亮人进行交流的构想。1822 年 3 月 25 日他在写给天文学家奥尔伯斯（W. Olbers）的信中，提议利用镜面反射日光与月亮人进行交流："分别用 100 块镜子，每个面积是 16 平方英尺……拼接而成后，这块巨大的镜子就能把日光反射到月亮上……如果我们能和月亮上的邻居取得联系的话，将比美洲大陆的发现要伟大得多。"

高斯设想的方案很大程度上与他的数学家背景有直接关系，在他看来，几何图形法则应该是一种外星文明能够理解的原理，作为一种交流手段既简洁又有效，而这些方案后来成了不断被提的经典构想。1909 年，美国天文学家皮克林（W. Pickering）发表文章，提出通过巨型镜面反射日光作为与火星交流的信号，在当时受到了广泛关注。《纽约时报》甚至辟出

版面进行了连续报道。一些科学人士在参与讨论的过程中又提出了各种替代方案，而它们实质上都是高斯当年的另一方案——巨型几何图形方案的复本。

无线电交流方案最积极的探索者，或许仍当数特斯拉。在1900—1921年的二十一年间，特斯拉在科学杂志和报刊上先后发表近十篇文章，阐释他向火星发送无线电信号的构想。1937年他在自己81岁的生日宴会上，宣布已经成功制成一架"星际传送装置"，并声称通过这一装置把能量传送到另一颗行星上，无论距离有多远都是有可能的。他还透露，他可能即将签订制造这项设备的合约。不过，这架特斯拉所声称的"将被永久铭记"的装置，直到1943年他去世时，始终没有出现在世人面前。

火星文明转变为幻想主题

上面这些与火星文明进行通讯的方案，都是被当作认真的科学活动来进行的，阐述这些方案的文章也大都发表在当时的学术刊物上，而且参与者中不乏在科学史上大名鼎鼎的人物（比如马可尼、高斯等）。也就是说，在当时，这是一个严肃的科学课题，是一个被主流科学共同体所接纳的研究方向。

但是，随着科学的进展，人类对火星的了解越来越深入，这些课题和活动就逐渐被遗忘在了故纸堆中。因为现在大家知道火星上几乎没有液态水，几乎不可能存在类似我们在地球上所见到的生命，当然也就不会有什么"火星文明"。于是"火星文明"从一个科学课题变成一个幻想主题。

　　人类创作关于火星文明的幻想作品，已经超过一百年。1898 年，威尔斯（H. G. Wells）发表了小说《星际战争》（*The War of the Worlds*），讲述火星人入侵地球的故事。1953 年，根据这部小说拍摄了同名电影（即通常所说的《大战火星人》）。五十二年后，又一部斯皮尔伯格导演的同名电影上映。除了这个在科幻史上有"贵族出身"的影片系列，还有更多关于火星文明的电影，比如在影片《红色行星》（*Red Planet*，2000）中，火星大气已经被改造成人类可以呼吸的状况。又如影片《火星任务》（*Mission to Mars*，2000），讲述火星上的高等智慧生物曾经发展了极为先进的文明，它们已经借助大规模的恒星际航行，迁徙到了一个遥远的星系，临走时它们向地球播种了生命——所以地球上的所有生命都来自火星……

　　毫无疑问，在太阳系各大行星中，迄今为止火星是最受科幻创作者青睐的。

曾让天文学家神魂颠倒的"火星运河"

"火星运河"概念的形成

在 2012 年初的文章中，我已经谈到，火星在 19、20 世纪之交曾经是天文学界乃至科学界的大热门。这个热门的形成，最主要的原因就是"火星运河"。

"火星运河"在今天听起来很像一个科幻题材，但它当年却曾是一个彻头彻尾的天文学课题。这个概念的形成过程中，每一步都有充分的科学基础。

威廉·赫歇尔可以说是这一概念的奠基者。那时欧洲的望远镜越造越大、越造越好，而且欧洲的天文学家们带着这些望远镜去往世界各地进行观测，提供了丰富的观测资料。威廉·赫歇尔就是这些人中重要的一员，他在 1784 年的一篇论文中，从火星的公转及自转运动、轨道倾角、公转周期等方面和地球作了比较，指出"在整个太阳系中，火星和地球的相似性可能是最大的"，他的这些意见都得到了后来天文学发展的证实。

赫歇耳还相信"火星有着充沛而又非常适宜的大气条件，

它上面的居民享受的环境在许多方面和地球是一样的"，这一点虽然未能被后来的发现所支持，但在当时和前面各点结合在一起，给人以"火星是另一个地球"的强烈印象，也建构出了巨大的想象空间，期望中的"火星人"简直就呼之欲出了。

1877 年火星大冲，这是特别宜于观测火星表面的机会（尽管此时火星的视圆面还不到满月的七十分之一），意大利天文学家夏帕雷利（G. Schiaparelli）在由他担任台长的米兰布雷拉天文台，观测到了火星表面有许多纵横交错的网状结构。在次年一篇冗长的论文中，夏帕雷利用意大利文"canali"指称他所观测到的这种现象。在意大利文中，"canali"既可以表示"河道"（channel），也可以表示"运河"（canal）。这两者实有巨大差别："河道"当然是自然地理现象，而"运河"就是人工挖掘建造的了。

这时一个非"科学"的环节在这里出现了——尽管夏帕雷利本人认为他观测到的网状结构只是火星表面的天然地貌，但"canali"这个词不知为何在翻译成英语时被译成了"canal"——运河。这个词汇强烈暗示着火星上有智慧生命，因为它们能够挖掘建造运河。考证这个误译的起因是困难的，但可以猜测的是，它多半与当时人们期盼在火星上发现智慧生命的主观愿望有关。

至此"火星运河"概念建构完成。它将让许多天文学家神魂颠倒。

狂热的洛韦尔和天文学家们的站队

夏帕雷利持续进行火星观测，在稍后发表的火星观测报告中，他宣称又观测到了一种新的火星地貌"双运河"，并附上了他根据观测新绘制的火星地图。夏帕雷利的火星观测结果引发了无数争论，但他最重要的成果，也许是引发了波士顿的美国富翁洛韦尔（P. Lowell）的好奇心。

1894 年，火星再次接近有利于观测的大冲位置，洛韦尔居然放下了手中的大部分生意，在亚利桑那旗杆镇建立起一个装备精良的私人天文台，并自任台长，全力进行火星观测。看来此时他对天文学的热爱早已超过了对生意的关注。

这时已经有越来越多的人开始对火星表面观测产生兴趣，其中包括业余的和职业的天文学家。进行这种观测需要精良的望远镜，还需要稳定的大气条件，以及足够的观测技巧和耐心。洛韦尔原是不折不扣的业余天文学家，职业天文学家也不大看得起他，但他以勤奋和狂热，最终似乎硬挤进了职业天文学家的行列——毕竟，当一个商人放下生意，改任天文台台长之后，他为什么不可以算"职业"的呢？

洛韦尔十五年间拍摄了数千张火星照片，在他绘制的火星地图上有 500 多条"运河"。他先后出版《火星》（*Mars*，1895）、《火星和它的运河》（*Mars and Its Canals*，1906）和《作为生命居所的火星》（*Mars As the Abode of Life*，1908）等书，汇集他的观测成果。洛韦尔坚信：火星上确实有智慧生物。由于《火星》一书的畅销，洛韦尔的观点比看不起他的职业天文学家有更多机会被公众了解。

这里不妨顺便提下洛韦尔的另一项重要工作——他计算一颗当时尚未被发现、但他坚信存在着的"X行星"。当时太阳系所知最远的行星是海王星，洛韦尔坚信他的"X行星"还在海王星之外。天文台的研究人员曾付出艰巨努力，试图找到这颗"X行星"，但当洛韦尔1916年辞世时，"X行星"仍未找到。后来冥王星的发现，当然可以给九泉之下的洛韦尔以巨大安慰。然而前几年冥王星"行星资格"的失去，恐怕又会使洛韦尔泉下深感遗憾了。

"火星运河"当然不是业余天文学家或私人天文台的禁脔，"职业天文学家"在这个大热门上也没闲着。据我的已经毕业的学生穆蕴秋博士考证，当时天文学家在"火星运河"问题上分成两大阵营。

在支持洛韦尔信念，坚信火星上有高等智慧生命开掘建造运河的阵营中，今天看来名头最大的或许当数法国的弗拉马利翁（C. Flammarion）了——他其实也是从"业余"开始最终硬挤进"职业"行列的。弗氏在他的私人天文台上进行了大量火星观测，宣称他发现了60余条"火星运河"和20余条"双运河"，并且在他自办的杂志上和自己撰写的书中，大力宣传他的发现和信念。此外还有托德（D. Todd）、斯莱弗（V. M. Slipher）、布伦纳（L. Brenner）等人。

反对洛韦尔观点的阵营中，明显以职业天文学家居多，包括在天文学史上名头很大的纽康（S. Newcomb）、英国叶凯

研究室中的天文学家弗
拉马利翁

士天文台台长海耳（G.E. Hale）等人，甚至还有著名的生物学家华莱士（A. R. Wallace）。比较戏剧性的有道格拉斯（A. Douglass）和安东尼亚第（E. M.Antoniadi）两人——前者曾是洛韦尔的追随者，后者则曾是弗拉马利翁的追随者，他们后来都"反叛"了。反对派大多认为，那些被观测到的"火星运河"，或者是视觉幻象，或者是火星上的自然地貌。

"火星运河"的科学史意义

　　"火星运河"是一个被后来的科学发展否定的概念，围绕这个概念所进行的一系列观测、发现、争论等，在传统科学史框架中也就被归入"错误"、"失败"之列。而按照传统的科学史观念，科学史是只处理"善而有成"之事的，"火星运河"属于"无成"之事，所以它不仅被清除出科学史殿堂，而且被逐出科学史视野。你如果去读一本传统框架的科学史著作，"火星运河"至多只是被作为天文学发展过程中走过的"弯路"而提一句，甚至完全不被提起。不仅"火星运河"是如此，几乎所有被后来发展所否定的概念，都难逃同样的命运。

但是，这样的待遇是公平的吗？

首先，"火星运河"问题是和一系列科学问题如火星生命、火星大气、火星上的水等密切相关的，它们一度成为19、20世纪之交天文学领域最被关注的问题。所以"火星运河"争论的启发意义是毋庸置疑的。

其次，在很多情况下，如果没人走"弯路"，人们能知道"直路"在哪里吗？如果只看"善而有成"的部分，只承认"善而有成"的才算科学的历史，这实际上和寓言中造三层楼却不要底下两层、三个饼吃饱后认为不需要吃前面两个是一样的。看寓言故事时大家都知道这样想的是蠢人，但在面对科学的历史时却往往意识不到这一点。

最后，说到底，人类对火星的了解还远远不够，谁知道在数十亿年的时间长河中，那颗行星上曾经发生过什么呢？

身后是非

———

贵族天文学家的叛逆青春

——关于第谷的往事之一

哥白尼之后，牛顿之前，在天文学上有过伟大贡献的人物，大家比较熟悉的当然是开普勒和伽利略。其实在 16 世纪的欧洲，名头最大的天文学家不是哥白尼，而是第谷（Tycho Brahe，1546—1601 年）。他曾经享受过丹麦王室提供的世界历史上独一无二的供奉——足以让此后所有的天文学家都妒火中烧。

第谷又曾经和中国有过任何欧洲天文学家都不曾梦想过的特殊关系，但是他在当代中国公众中的知名度却非常之小——估计本文的读者中有不少人是头一次听说他的名字，他那些著名的天文学贡献也早已被今天的公众遗忘。

第谷出身于北欧著名的贵族，这个家族曾在丹麦和瑞典繁盛了几个世纪。其父奥托曾任枢密顾问官，后来成为黑辛城堡的主人。奥托有五子五女，第谷是他的长子。不过第谷实际上由他叔叔抚养长大。

第谷 7 岁开始由家庭教师上课，学习拉丁文和其他当时贵族子弟应该学习的知识。13 岁入哥本哈根大学。这是路德派的

第谷当年读过的书:《天球》
(上，1478年版)、《方位表》
(下，1584年版)

大学，路德派宗教改革的精神导师梅兰希顿（Melancthon）在这里的影响几乎不逊于亚里士多德和经院哲学。

第谷先学中世纪大学中的所谓"三艺"：文法、逻辑和修辞。这要求他学习希腊文语法、希腊—拉丁文学、雄辩术、亚里士多德的"辩证法"等，还要学习拉丁修辞学著作和罗马著名尺牍作家的作品。随后他进入更高阶段的"四艺"：算术、几何、天文、音乐。第谷当年用过的一些书籍，包括一册《天球》（*Sphaera mundi*，Sacrobosco 著）、一本医学手册、一部植物志、一册《宇宙结构学》（*Cosmographia*，Apian 著）和一册《方位表》（*Tabulae directionum*，Regiomontanus 著），都保存至今，可供今人推测想象一个 16 世纪大学生的学习光景。

1560 年 8 月 21 日，一次日食发生，在哥本哈根可以见到偏食，这一天象刺激了第谷对实测天文学的兴趣——这个领域将来要在第谷手中大放光彩。当时大学里并没有这样的课程，所以第谷自己搞了一册《星历表》（*Ephemerides*，Stadius 著），自修起来。碰巧的是，这本《星历表》是以哥白尼日心体系为基础的。

第谷是贵族子弟，不必为衣食、职位之类的俗事操心，所以他有条件先后在四个大学"游学"，尽管这种情景未必是他叔叔乐意见到的。

在哥本哈根大学学习三年之后，他被送往莱比锡大学，他叔叔要他在那里学习法律。第谷此行居然有一个比他年长四岁的家庭教师"陪读"——家庭教师的任务是督促第谷全心全意

学习法律，不让他旁骛到什么实测天文学上去。

然而第谷对天文学的热爱却愈加炽烈起来，他省下钱来购买天文学书籍和仪器，并经常等家庭教师熟睡之后，偷偷钻研天文学。这时他又搞到了《阿尔方索星表》(*Alphonsine tables*)和《普鲁士星表》(*Prutenic tables*)，前者以卡斯提尔的国王阿尔方索十世（King Alfonso X）命名，是基于托勒密地心体系的星表，在那时仍然是相对来说最优秀的；后者是哥白尼的追随者根据日心学说编算的。日后将以大型天文仪器建造驰名全欧的第谷，此时竟然只能偷偷使用一个只有拳头大小的天球仪来熟悉星座。

在莱比锡大学三年后，1565 年，第谷离开了这所大学，此时恰好他叔叔去世，这使得第谷可以在天文学的世界中自由徜徉了。次年，他来到罗斯托克，并考入当地的大学。罗斯托克大学是德国北部及波罗的海沿岸最古老的大学，当第谷进入时，这所学校已经在路德宗教改革的浪潮中接受了新教。在罗斯托克大学，第谷开始和一些搞炼金术、星占学、医学和数学的人时相过从，这些人对他日后的思想有所影响。现在他身边不再有家庭教师管头管脚，他观测了 1566 年 10 月 28 日的月食和 1567 年 4 月 9 日的日偏食。

1566 年底，20 岁的第谷在罗斯托克大学上演了他一生中最八卦的故事：他在和另一个丹麦贵族决斗时被对方用剑削去了鼻子！从此第谷不得不一直戴着一个"义鼻"。这个假鼻子颇得那些富有八卦情怀的历史学家的青睐，本来他们认为这个假鼻子是用金、银混合制成，但是当 1901 年 6 月 24 日人们打开第谷的墓穴时，却发现他的鼻尖部位有绿色锈斑，这表明他的"义鼻"中铜的含量很高。

在罗斯托克大学学习三年后，第谷又考入了巴塞尔大学。这是他学习的最后一所大学。不过此时第谷的身份似乎和我们今天所熟悉的大学生相当不同：他已经不时在旅行中和一些天文学家会晤，并开始为朋友制作天文仪器。而丹麦国王弗雷德里克二世（Frederick II）也已经正式给了他一个牧师会会员的职位。他此时的状态，也许有点类似于我们今天大学中的"博士后"位置。

青年贵族第谷的婚姻也不是很正常。他从 1573 年也就是 27 岁起，就一直和一个名叫克丽丝汀娜的女子同居生活。他们共育有三子五女，其中有一个女儿后来嫁给了第谷的一位助手。这个女子的姓氏出身等我们都一无所知，能确定的只有两点：克丽丝汀娜是她的名字；她没有贵族血统。虽然第谷一直和她生活到去世为止，克丽丝汀娜却没有正式的"名分"。不过按照古老的丹麦法律，一个女子若与某男子公开同居，并且"握有他的钥匙，和他同桌吃饭"三年以上，就被认为是该男子的合法妻子。

父亲去世之后，第谷和大弟弟继承了父亲在家乡的领地，但整个家族中极少有人对他的科学热情持赞同态度。在沉溺于化学实验——那个时代通常和炼金术难分彼此——长达一年半时间之后，1572 年的超新星将第谷拉回天文学轨道。这颗超

新星后来被称为"第谷超新星",第谷通过对它的观测和研究在国际天文学界崭露头角。

在数年的旅行和讲学之后,第谷在天文学方面的名声越来越大。1576 年,可能是由于黑森伯爵的推荐,丹麦国王弗雷德里克二世将丹麦海峡中的汶岛赐予第谷,并拨给巨额经费,命他在岛上建设宏大的天文台。

一个世界天文学史上的神话开始了⋯⋯

遥想当年，天堡星堡……

——关于第谷的往事之二

汶岛（Island of Hven）在丹麦的 Øresund 海峡中，北纬 55 度 53 分，东经 12 度 41 分。这个在地图上很难找到的小岛，因为第谷而得以名垂青史。

1576 年第谷 30 岁，幸运地成为汶岛的主人，但更重要的是丹麦国王对他极为慷慨的财政资助，使他得以在汶岛大展宏图。他在汶岛工作了二十一年，创造了一个天文学史上激动人心而且影响深远的神话。

在第谷掌管汶岛之前，欧洲的基督教世界还从来没有建设过大型天文台。那时欧洲人倒是听说过远方一些伟大的天文台，不过它们都建造在东方，比如蒙古人建立的伊儿汗王朝在马拉盖（Maragha，今伊朗西北部大不里士城南）建造的天文台、帖木儿王朝的国王乌鲁伯格在撒马尔罕（Samarkand，今乌兹别克境内）建造的天文台等。那时欧洲人还只能用一些小型天文仪器——第谷年轻时偷偷用来熟悉星座的天球仪只有拳头大小。

第谷在汶岛大兴土木，不仅建造了两座天文台—— 天堡

和星堡，而且还有天文仪器修造厂、造纸厂、印刷厂、图书馆、工作室和宽敞舒适的生活设施。汶岛被誉为"基督教欧洲第一个重要的天文台"。

第谷为汶岛上两座天文台所取之名，皆有来历。较大的那座名"天堡"（Uraniborg），意为"天上的城堡"、"绝妙无双的城堡"，源于希腊神话中女神 Urania 之名——她正是九位缪斯中司天文的。稍小的那座名"星堡"（Stjerneborg，这是丹麦文的拼法，拉丁文为 Stellaeburgum，得名于拉丁文 stellae，即恒星之意）。

从天堡东面看过去，天文台正在中心，周围是有大约 300

第谷 1598 年著作《新天文仪器》（*Astronomiae Instauratae Mechanica*）一书中的天堡（Uraniborg）示意图

棵树的装饰性花园，有高墙保护，东西两端的门口甚至还安排了警犬的犬舍。仆人们的住所在天堡北端，南端是印刷厂。天堡顶层有八间助手们的卧室，主楼上有四个带圆锥形屋顶的观测室，南北两端各两个，中间则是各种用途的房间，包括一个临海的夏季餐厅。图书馆设在底层，里面有一个巨大的天球仪（对主人年轻时摆弄拳头大小小天球仪的特别补偿？），上面标出了肉眼可见的约 1 000 颗恒星公元 1600 年的位置。作为当时驰誉全欧的星占学家，第谷也没有忘记设置炼金术实验室——它被安置在地下室。

第谷在岛上研制精度极高的大型天文观测仪器，达到了"前望远镜时代"天文观测无可争议的精度巅峰——测量精度高于 1′（圆周的两万一千六百分之一）。借助于这些仪器，第谷获得了前所未有的完整而精确的观测资料。虽然第谷利用这些观测资料构造的宇宙模型最终成为过眼烟云，但往后我们将看到，这些观测资料在当时已经产生了革命性的影响。

第谷晚年离开汶岛后完成了《新天文仪器》（*Astronomiae Instauratae Mechanica*，1598）一书，这也可以看作是他对汶岛岁月的纪念——书中留下了曾在汶岛两座天文台中使用过的17 件天文仪器的图示和文字描述。这些仪器中有三类特别值得注意。

第一类是浑仪。这本来是欧洲和古代中国都有的仪器，所不同的是，欧洲自古使用黄道浑仪——以黄道为基准，而中国

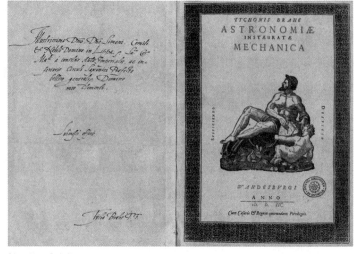

《新天文仪器》书影

的浑仪一直是赤道式的。第谷在欧洲首创使用赤道式浑仪，当时被认为是新奇的天文仪器（第谷和欧洲的天文学家那时并不知道遥远的中国早就在使用赤道式浑仪）。第谷一共造过三架赤道式浑仪，其中安放在汶岛天堡的那一架他用得最多，是他认为最准确的仪器之一，其赤纬环的直径达 9.5 英尺。

第二类称为象限仪——因为刻度环是一个圆周的四分之一。这又可分为两种形式：一种通常固定在子午面，即正南北方向的立面墙上，故又名"墙象限仪"。这种仪器早在托勒密的著作中就有详细描述，中世纪阿拉伯天文学家也非常喜欢使用。另一种是第谷更为重视的，仪器被安置在地平圈上，因而可以在 360 度任意方位角的立面内测量天体的地平高度。第谷共建造过四架这种仪器，它们的重要用途之一是用来确定时刻——测得太阳的地平高度，然后推求出当地时刻。此法相传由公元 9 世纪时阿拉伯天文学家首先采用，15 世纪才传入欧洲。汶岛的天文台上已有机械时计，但这些早期的机械时计精度还很差，在观测上精益求精的第谷对它们不太信任。

第谷天文仪器中最值得注意的是第三类——纪限仪，这是第谷发明的仪器。第谷著作中指称这种仪器的拉丁原文是 sextans trigonicus，词根 sex 即 "六" 之意，因该仪器的主要部分是一个圆面的六分之一。该仪器在英语中通常写成 sextant——恰好与航海测量用的 "六分仪" 是同一个词，结果造成一些混乱，有人将第谷的这种仪器也称为 "六分仪"。事实上航海测量用的 "六分仪" 是望远镜发明之后的产物，其原理被认为由牛顿首先提出。

第谷发明纪限仪是为了更方便地直接测量两颗恒星之间的角距离。第谷曾用它来确定 1572 年新星与仙后座诸恒星的相对位置。第谷后来在汶岛进一步改进了这种仪器，它被安放在一个固定的球形万向接头上，观察者从金属制作的六分之一圆弧向圆心的照准器观看，两人合作，一人沿着一根固定的半径观测恒星 A，一旦恒星 A 和这个半径共线后就将仪面固定，此时另一观测者沿一根可移动的半径观测另一颗恒星 B，这样就能直接读出这两颗恒星之间的角距离。

第谷的纪限仪有一架直接的仿制品，完好保存在今北京建国门古观象台上，它是由来华耶稣会士南怀仁（Ferdinand Verbiest）在 1673 年为康熙皇帝建造的六架大型天文仪器

第谷建造在天堡的"大墙象限仪"。在一堵正南北向的墙上，有黄铜制成的四分之一圆周，半径超过6英尺，刻度精确到10″。圆心处是固定的准星，两个后视照准器可以在圆周上滑动。观察者（应该就是第谷本人）正在等候恒星上中天时刻的到来。一个助手正在测读钟表（只有一个时针），另一个助手坐在桌子前记录数据。大墙象限仪（上）在背景中，第谷的助手们正在用各种仪器进行观测；而下面一层的图书馆中，更多的学生和助手在天球仪旁工作；再下面一层正是第谷的炼金术试验室。图中甚至还画上了第谷忠实的狗。第谷身后墙上的壁龛两旁，挂着第谷的赞助人——国王和王后的肖像

216

之一。

第谷慷慨的赞助人丹麦国王弗雷德里克二世于 1588 年 4 月 4 日驾崩。新王即位之后，丹麦宫廷对第谷开支浩大的天文学研究的资助热情逐渐消减，最终使得第谷不得不寻求新的赞助人。1597 年 3 月 15 日，第谷在汶岛做了最后一次天文观测，就永远告别了这个他曾经生活工作过二十多年的传奇小岛。

这时另一个赞助人出现了，神圣罗马帝国皇帝鲁道夫二世决定资助第谷。1599 年 6 月，第谷到达皇帝当时的驻地布拉格。尽管他完全没有料到自己的未来岁月只剩两年多了，但他注定还要上演天文学史上意味深长的新一幕。

使超新星革命，让大彗星造反

——关于第谷的往事之三

许多人认为第谷对天文学史影响最大的事件发生在他的晚年，这个看法不太站得住脚。第谷在中年时期做出的最大勋业——观测 1572 年超新星和 1577 年大彗星——才是那个时代在天文学上最具革命意义的行动。

在当时的欧洲，虽然哥白尼已经提出了他的日心宇宙模型，但是传统的"水晶球"宇宙体系仍然占有教会官方学说的地位。这个宇宙体系，是亚里士多德在古希腊天文学家欧多克斯（Eudoxus）和卡利普斯（Callippus）两人工作的基础上作了一些改进而建立起来的，其中有如下要义：

一、以地球为中心的诸天体（包括月球、太阳、五大行星和众恒星）附着在各自所属的球层上，被携带着运转；

二、这些球层皆属实体，并由不生不灭、完全透明、坚不可入的物质构成——水晶球之名即由此而来；

三、整个宇宙是有限而封闭的；

四、月球轨道以上的部分，是万古不变的神圣世界，只有"月下世界"才是变动不居、"会腐朽的"尘世。

这就意味着：新星爆发、彗星、流星等天象，都只能是大气层中的现象。

第谷并不主张日心地动之说，他建构的宇宙体系是对地心的托勒密体系和日心的哥白尼体系的一种折衷。他也无意在哲学上成为亚里士多德的敌人。但是实际上他却给了水晶球体系以致命打击。

1572 年 11 月，仙后座出现了一颗新星，亮得连大白天都可以看到。本来这样的奇异天体出现在天空，世人有目共睹，那个时代的天文学家、星占学家，或者用更广泛的说法，任何"自然哲学家"，都可以观测到。然而这颗新星却在天文学史上被称为"第谷超新星"，这是因为第谷对它作了极其细致的观测和方位测量。

第谷用各种方法反复观测这颗新星，发现它既没有视差（这表明离开地球的距离非常遥远），也不移动位置。所以他最后的结论是：这颗新星位于恒星天球层。

对于现代恒星演化理论来说，新星和超新星爆发都是正常现象，是一颗恒星在它生老病死的一生中的一段晚年阶段。对于古代中国人来说，大千世界无奇不有，新星——古代中国通常称它们为"客星"——的出现也不会和任何教义或意识形态发生冲突。但是在那时的欧洲知识界，第谷的这个结论不啻一颗思想炸弹！因为这个结论直接挑战了作为教会官方理论的亚里士多德水晶球体系——按照水晶球体系的理论，恒星天球属

于万古不变的区域，新星这种现象只可能出现在"月下世界"。

不过，在翌年发表他的观测成果时，第谷本人尚未与水晶球体系彻底决裂。尽管他已经在客观上让这颗超新星打开了对亚里士多德教条的叛逆之门。

　　然而，1577 年的大彗星又出现了。

在当时一张印刷于布拉格的绘画中，这颗明亮的大彗星的尾巴被描成从土星一直延伸到月亮。这时第谷已经成为汶岛的主人，岛上的种种新建天文仪器和一众学生助手，当然要被动员起来全力观测和测量这个震惊全世界的新天象——汶岛的观测使得这颗彗星又在天文学史上被命名为"第谷彗星"。

第谷从 1577 年 11 月 13 日开始观测这颗大彗星，一直持续到 1578 年 1 月 26 日，此时彗星远去，肉眼几乎已经无法辨识了。在观测中，第谷使用了半圆仪、纪限仪和带有地平圈的象限仪。他还逐日观测并计算彗星的位置，以此来推算彗星运行的速度。

亚里士多德关于彗星的教义，此前从未受到过严峻挑战。这种教义认为，彗星的元素是火。在《气象学》中，亚里士多德认为，火元素的全体和大多数在它下面的气元素，都被旋转的天体带动着，有时候因为某个特定的恒星或行星的运动，"在此运行过程中，无论处在何种连接部位，它经常被点燃"，这就形成各种各样的流星和彗星之类的天体。

这样一来，彗星当然就不是天体了，彗星被认为是由"地

当时绘画中的 1577 年大彗星，横亘天际，震惊世人

球物质"构成的，因而对它们的研究不属于天文学，而是属
于"形而上学"。由于对亚里士多德的教条深信不疑，欧洲的
天文学家在观测彗星时很少测量它的高度，因为答案是预设好
的——在月球下面。但是第谷的观测证明了这种天象是发生在
月球天层之上的。

第谷的观测无可怀疑地表明：这颗彗星在行星际空间运
行，而且穿行于诸行星轨道之间。也就是说，这颗彗星正在毫
不费力地穿越那些先前被认为携带着各行星的"完全透明、坚
不可入"的天球！这使第谷明白了：原来这些天球其实根本不
存在。这些事实与水晶球体系的冲突更为严重、更为直接，终
于促使第谷断然抛弃了水晶球体系。1588 年他发表了《论新天

象》(*Demundi aetherei recentioribus phaenomenis*) 一书, 在观测基础上构建了新的宇宙体系, 他明确指出:

> 天空中确实没有任何球体。……当然, 几乎所有古代和许多当今的哲学家都确切无疑地认为, 天由坚不可入之物造成, 分为许多球层, 而天体则附着其上, 随这些球运转。但这种观点与事实不符。

第谷对超新星和大彗星的观测, 是那个时代对水晶球教条最有力的打击。对于其他反对理由, 水晶球体系捍卫者皆可找到遁词, 但对于第谷提供的观测事实, 则很难回避——除非否认他的观测事实本身。

亚里士多德学说的卫道士们很快认识到了这一点, 而且确实有人做过这样的尝试。例如教皇指定的伽利略著作审查官之一齐亚拉蒙第(S.Chiaramonti), 几十年后还为此专门写过两部著作, 试图釜底抽薪, 直接否认第谷的观测结果。1621 年他发表《反第谷论》(*Antitycho*), 断言第谷彗星仍是在"月下世界", 而第谷超新星则根本不是天体; 1628 年他又发表《三新星论》(*De tribus novis stellis*), 说第谷超新星也在"月下世界"。伽利略曾在《关于托勒密和哥白尼两大世界体系的对话》一书中力驳齐氏的上述谬说。此时开普勒的行星运动三定律已发表多年, 伽利略的望远镜观测结果也公布一二十年了, 对亚里士多德学说的反叛已经如火如荼, 齐氏的书根本救不了这场大火了。

双面人：天文学家和星占学家

——关于第谷的往事之四

以 1588 年的《论新天象》的出版为标志，第谷在欧洲天文学界搞了一场相当温文尔雅的革命，捅碎了亚里士多德的水晶天球。这一年，他那慷慨的资助人丹麦国王弗雷德里克二世也龙驭上宾了。虽然此后第谷仍然在汶岛过了十年神话般的王家天文学家与星占学家生活，带领着助手和学生们夜观天象，但新国王对他的资助热情已经日益下降。

丹麦国王资助第谷，并不是单纯让他搞"科学研究"的，第谷还有另一项职责：为丹麦王室提供星占学服务。

比如，有时他得为王子们算算 horoscope（算命天宫图，一种根据人出生时刻日、月、五大行星在黄道十二宫位置来推测此人一生穷通祸福的星占学文献）。他为克里斯蒂安王子、乌尔利希王子和汉斯王子推算的算命天宫图原件，至今都还保存在丹麦王家图书馆。其中后两位王子的算命天宫图都厚达 300 页——简直就是一份冗长的报告，里面有具体的预言，还有详细的论证。而且报告都用拉丁文和德文各写一遍（据说是因为王后看不懂拉丁文）。

第谷在报告中的预言相当具体，例如，他预言克里斯蒂安王子将始终病魔缠身（看来他还很有"职业道德"，并非"只报喜不报忧"来讨好国王和王后），12 岁将有大病，29 岁要特别注意健康，而 56 岁很可能就是王子的大限，倘能过此一劫，则王子将有幸福的晚年。不过第谷在每份报告最后都要强调：上述预言不是绝对的，"因为上帝根据他的心意可以改变一切"。这样他就使得他的星占学预言变成了"不可证伪"的东西。

第谷是当时驰誉欧洲的星占学家，如果仅仅靠几下模棱两可的滑头招数，应该很难邀此盛誉。事实上他很早就醉心于星占学，而且颇有"理论造诣"。

例如，还在他求学于莱比锡大学的少年时代，他就替维腾贝格波伊瑟教授（C. Peucer）计算过算命天宫图。又如，他 20 岁那年，适逢一次日食（1566 年 10 月 28 日），第谷作出星占学预言称：此次日食兆示着土耳其苏丹苏莱曼（Suleiman，又拼作 Soliman）的死亡，不久果然传来了苏丹的死讯。因为当时土耳其奥斯曼帝国的势力正如日中天，基督教欧洲处在它扩张的阴影之下，所以第谷看来大获成功。当然，人们后来知道其实苏丹死于日食发生之前的 9 月 6 日。不过如果按照中国传统星占学中的"事应"之说，第谷的上述星占学预言仍然可以算是成功的。

1574 年，第谷在哥本哈根做过一次关于星占学的演讲，题为《论数学原理》(*De disciplinis mathematicis*),这篇演讲被认为是那个时代星占学史上的重要文献。第谷在演讲中提出了这样的观点:

一、星占学与神学并无冲突。因为《圣经》只禁止妖术,并不禁止星占学。

二、人的命运虽然可以由天象来揭示,但人的命运也可以因人的意志而改变,还可以因上帝的心意而改变,"如果上帝愿意的话"。第谷宣称:"星占学家并未用星辰来限制或束缚人的愿望,相反却承认人身上有比星辰更崇高的东西,只要人像真正的人、像超人那样生活,他就能依靠这种东西去克服那带来不幸的星辰影响。"这种诗意盎然的话语,当然可以让所有的星占学预言都立于不败之地。

第谷当然也没有忘记在演讲中搞一些哗众取宠的花样,例如他宣称,在星占学的所有反对者之中,只有米兰多拉的皮科伯爵(Pico della Mirandola)是"唯一有真才实学的",因为皮科伯爵试图从根本上驳倒星占学(伯爵写过驳斥星占学家的著作,据说对当时的星占学造成很大打击)。然而第谷接着又指出:不幸伯爵之死却恰好证明了星占学的正确——有三位星占学家都预言火星将在某一时刻威胁伯爵的生命,而伯爵竟真的死于此时(1494 年 11 月 17 日)。

当时的天文学著作中,大都有谈论星占学的内容,因为那时尚在天文学和星占学这两者分道扬镳的前夜。第谷"使超新星革命,让大彗星造反"的著作也不例外。他在 1573 年

的《论新星》(*De nova*)中，就讨论了 1572 年超新星的星占学意义。而在讨论 1577 年大彗星的德文小册子中，他也用了很大篇幅来论述大彗星出现所具有的星占学意义。此外，在与友人的书信中（书信交流仍是那个时代学术交流最主要的途径之一），他也很认真地讨论着星占学，他致贝洛（H-Below）的长信就是一个重要例子。

文艺复兴带来了星占学的"第二黄金时代"——第一个在希腊化时代。与希腊化时代相比，星占学"第二黄金时代"的盛况又有过之。从表现形式看，两次黄金时代虽相去千年，却大有相同之处，突出表现为两点：一是君王贵族等上流社会人物普遍沉迷此道；二是都出现了第一流天文学家与第一流星占学家一身二任的代表人物——在希腊化时期当然是托勒密，在文艺复兴时期则是第谷和开普勒。

有的历史学家相信，第谷的星占学活动，很可能真对那个时代北欧的政治形势产生过实际影响！第谷曾为古斯塔夫·阿道夫（Gustave Adolphe）作过星占预卜，他预言这位瑞典王室的支系后裔将会成为瑞典国王。在第谷去世之后十年，此人果真登上了瑞典王位。据 17 世纪的历史学家记载，正是第谷的星占预言鼓动了王室支系的勇气，使他们下决心去夺取在嫡系手中的王位。从心理学的角度来看，这样的推测不无道理。

1599 年，第谷似乎有机会重演一次汶岛的传奇，他来到布拉格，入主神圣罗马帝国皇帝鲁道夫二世赐给他的位于城外小山上的贝纳特屈城堡。不久后的一天，29 岁的开普勒来到城堡，成为第谷的助手（也就是学生）之一。因为开普勒最终是借助于第谷留下的精密观测资料才得以建立行星运动三定律的，所以开普勒到来的这一天（1600 年 2 月 3 日），被认为是天文学史上意味深长的一天。但这一天也可以视为星占学史上意味深长的一天，因为这也是两位驰誉全欧的著名星占学家相会的日子。第谷和开普勒，这两位集第一流天文学家与第一流星占学家于一身的双面人，还将相处一段短暂的日子。

两百年的东方奇遇

——关于第谷的往事之五

1599 年，第谷入主布拉格城外的贝纳特屈城堡，次年 2 月 3 日开普勒来到城堡，成为第谷的助手。第谷正准备在神圣罗马帝国皇帝鲁道夫二世的资助下，再展开一段帝国御用天文学家的如歌岁月，却想不到上帝竟提前召他去天国了。1601 年 10 月他不幸染病，11 天后就溘然长逝（10 月 24 日），享年仅 54 岁。

第谷的巨著《新编天文学初阶》(*Astronomiae instauratae progymnasmata*)，生前未及完成，开普勒在 1602 年将它出版。还有以赞助人鲁道夫二世命名的《鲁道夫星表》(*Rudolphine tables*)，第谷生前也未能完成，他在临终病榻上殷殷嘱咐开普勒尽快接着完成它，他还希望《鲁道夫星表》能够建立在他自己构建的宇宙模型之上——他的这个要求开普勒后来并未遵从。《鲁道夫星表》直到 1627 年方才出版，那时开普勒的行星运动三定律也已经发表多年，天文学已经进入开普勒时代了。

第谷对于自己构建出来的宇宙体系模型，还是相当自信和

珍爱的。他一直是哥白尼日心说的怀疑者。他在《论新天象》
（*De Mundi*，1588，来华耶稣会士的译名是《彗星解》）中提出
自己的新宇宙体系，试图折衷哥白尼和托勒密的学说。他让地
球仍然留在宇宙中心，让月亮和太阳绕着地球转动，同时让五
大行星绕着太阳转动。

第谷提出的宇宙体系模型，在当时和稍后一段时期内，获
得了欧洲相当一部分天文学家的支持。例如雷默（N. Reymari）
的《天文学基础》（*Ursi Dithmarsi Fundamentum astronomicum*，
1588），其中的宇宙体系几乎与第谷的完全一样，第谷还为此
和他产生了发明权之争。又如后来丹麦宫廷的"首席数学教
授"、哥本哈根大学教授朗高蒙田纳斯（C. S. Longomontanus）
的《丹麦天文学》（*Astronomia Danica*，1622），也完全采用第
谷体系。直到里奇奥利（G. B. Riccioli）雄心万丈的著作《新
至大论》（*New Almagest*，1651），仍然明确主张第谷学说优于
哥白尼学说。该书封面图案因生动反映了作者的观点而流传
甚广。

第谷体系至少在他提出之后数十年内，经受住了天文学新
发现的考验。

1610 年，伽利略在《星际使者》（*Sidereus Nuntius*）一书
中发表他用望远镜观测天象所获得的新发现，造成巨大轰动。
这些新天象对当时各家宇宙体系形成了严峻考验。伽利略的新
发现可归纳为六点：

1. 木星有卫星；2. 金星有位相；3. 太阳有黑子；4. 月面有

山峰；5. 银河由众星组成；6. 土星为三体（实际上是光环造成的视觉形象）。

当时相互竞争的宇宙体系主要是如下四家：

1. 1543年问世的哥白尼日心体系；2. 1588年问世的第谷准地心体系；3. 尚未退出历史舞台的托勒密地心体系；4. 仍然维持着罗马教会官方哲学中"标准天文学"地位的亚里士多德水晶球体系。

伽利略新发现的后四点与日心地心之争没有直接关系（但三、四两点对亚里士多德水晶球体系是沉重打击），木卫的发现虽然为哥白尼体系中把地球作为行星这一点提供了一个旁证，因为按哥白尼学说，地球也有一颗卫星——月亮，但这毕竟只是出于联想和类比，并无逻辑上的力量。最重要的一点是金星位相。地心体系不可能解释这一天象，而金星位相正是哥白尼日心体系的演绎结论之一。它对哥白尼日心体系来说是一曲响亮的凯歌。然而这曲凯歌却也同样属于第谷体系——第谷体系也能够圆满地解释金星位相。所以在这一点上第谷体系也能与哥白尼体系平分秋色。

在欧洲，《新至大论》或许已经是第谷体系最后的颂歌，此后第谷体系逐渐成为过眼云烟。但是第谷做梦也不会想到，他的体系居然会在遥远的中华帝国，成为帝国官方天文学说，并且长达两百年之久！

1629年，明朝大臣徐光启奉命召集来华耶稣会士修撰

《崇祯历书》，五年后修成。第谷宇宙模型被《崇祯历书》用作理论基础，在"五纬历指"之"周天各曜序次第一"中，有"七政序次新图"，即第谷的宇宙体系模型。而全书中的天文表全部以这一模型为基础编算。1644年明朝灭亡，耶稣会士汤若望（J. Adam Schall von Bell）将《崇祯历书》略加修订后，献给清政府，更名为《西洋新法历书》，清廷于顺治二年（1645年）颁行天下，遂成为清代的官方天文学。

1722年，清廷又召集学者撰成《西洋新法历书》之改进本《历象考成》，在体例、数据等方面有所修订，但仍采用第谷体系，许多数据亦仍第谷之旧。《历象考成》号称"御制"，表明第谷宇宙模型仍然保持官方天文学理论基础的地位。

1742年，清朝宫廷学者又编成《历象考成后编》，其中最引人注目之处，是改用开普勒第一、第二定律来处理太阳和月球运动。按理这意味着与第谷宇宙模型的决裂，但《历象考成后编》别出心裁地将定律中太阳与地球的位置颠倒（仅就数学计算而言，这一转换完全不影响结果），故仍得以维持地心体系。不过如将这种模式施之于行星运动，又必难以自圆其说，然而《历象考成后编》却仅限于讨论日、月及交蚀运动，对行星全不涉及。而且《后编》又被与《历象考成》合为一帙，一起发行，这就使第谷模型继续保持了"钦定"地位，至少在理论上是如此。此后清朝的天文学长期处于停滞状态，第谷体系的官方地位也就继续保持不变。

第谷在中华帝国还有一段留存至今的华彩乐章——他的天

《新至大论》封面图案：右面的司天女神正手执天秤，衡量第谷体系和哥白尼体系，天秤表明第谷体系更重，托勒密体系则已被委弃于地下

文仪器。

第谷晚年在离开汶岛后完成了《新天文仪器》(*Astronomiae Instauratae Mechanica*，1598）一书，此书也是耶稣会士带到中国的重要参考书之一。1673 年，耶稣会士南怀仁奉康熙之命建造了六件大型天文观测仪器，依次是：天体仪、黄道经纬仪、赤道经纬仪、地平经仪、象限仪、纪限仪。这六件大型青铜仪器——至今仍完好保存在北京建国门古观象台上——几乎就是约一个世纪前第谷所建造天文仪器的直接仿制品。

哥白尼的圆：尚未扑灭的"谬种"

　　我们知道，哥白尼——和许许多多古代天文学家一样——是吮吸着托勒密的精神乳汁长大的，他自己也坦然承认这一点。

　　但是，托勒密在他的行星运动几何模型中引入"对点"（Equant），被认为是对"匀速圆周运动"这一古希腊理念的不忠或背叛。"对点"与地球分别位于"均轮"中心的两侧，而"本轮"中心则在"均轮"圆周上以相对"对点"而言的"等角速度"运行，行星则在"本轮"圆周上运行。

　　据说哥白尼比托勒密更忠诚于上述理念。尽管现在有人认为，托勒密在《至大论》中的"对点"模型，实际上已开后世开普勒椭圆运动模型的先声，但在哥白尼和他的某些追随者看来，这却是相当离经叛道的。所以伊拉斯谟·赖因霍尔德（Erasmus Reinhold）在他评注的哥白尼《天体运行论》扉页上写道："天界运动，不是匀速圆周运动就是匀速圆周运动的组合。"

　　哥白尼虽然在《天体运行论》中抛弃了托勒密的"对点"，

重归于对"匀速圆周运动"的忠诚，但在数学上，他仍然要面对与托勒密所面对的等价问题，而他的办法是采用"双小本轮"。这种方案被认为"下面隐藏了一座冰山"，因为研究伊斯兰天文学史的权威爱德华·肯尼迪（Edward Kennedy）和他的学生，在13、14世纪一些波斯和大马士革的伊斯兰天文学家那里发现过完全相同的方案。哥白尼从何处知道这种方案的？或者是他自己独立想出来却刚好与前人巧合？这些都还是未解之谜。

不管是托勒密的模型还是哥白尼的模型，它们都是古希腊传统中的几何模型，在这些模型中，对天体运行的数学描述，总的来说都符合"不是匀速圆周运动就是匀速圆周运动的组合"这一原则（托勒密的"对点"方案只是稍稍偏离了一下"匀速"而已）。这些模型通过一系列的"均轮"、"本轮"的组合，并调整它们的半径、转速和运行方向，就能给出天体运行中任意时刻在天球坐标系中的位置。

以前有一个说法，曾在一些天文学史著作中流行：随着天文学的发展，托勒密的地心体系不得不越来越繁琐，到了哥白尼时代，托勒密体系已经繁琐得让人难以忍受了。而新生的哥白尼体系则简洁明了，所以哥白尼学说的胜利是必然的。

这个说法源头何在，尚未考证出来，但它至少得到了1969年版的《不列颠百科全书》中有关条目的支持。那条目中说，到了中世纪晚期的《阿尔方索星表》(*Alfonsine Tables*) 时

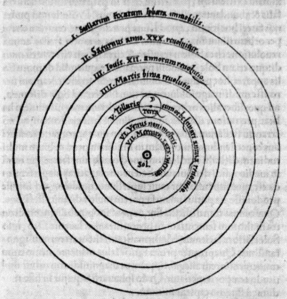

NICOLAI COPERNICI

net,in quo terram cum orbe lunari tanquam epicyclo contineri
diximus . Quinto loco Venus nono mense reducitur. Sextum
denicg locum Mercurius tenet, octuaginta dierum spacio circū
eurrens. In medio uero omnium residet Sol. Quis enim in hoc

I. Stellarum fixarum sphæra immobilis.

II. Saturnus anno. XXX. reuoluitur.

III. Iouis. XII. annorum reuolutio.

IIII. Martis bima reuolutio.

V. Tellaris cum orbe lunari annua reuolutio.

VI. Venus nonimestri.

VII. Mercurii LXXX.

Sol.

pulcherimo templo lampadem hanc in alio uel meliori loco po
neret, quàm unde totum simul possit illuminare. Siquidem non
inepte quidam lucernam mundi, alij mentem, alij rectorem uo-
cant. Trimegistus uisibilem Deum, Sophoclis Electra intuentē
omnia. Ita profecto tanquam in solio regali Sol residens circum
agentem gubernat Astrorum familiam. Tellus quocg minime
fraudatur lunari ministerio , sed ut Aristoteles de animalibus
ait,maximā Luna cū terra cognationē habet. Concipit interea à
Sole terra , & impregnatur annuo partu. Inuenimus igitur sub
hac

产生持久影响的哥白尼《天体运行论》1543 年版内页

代，在托勒密体系中，仅仅处理一个行星的运动就需要40—60个本轮！

说起《阿尔方索星表》，现在知道的人很少了。这个星表因一位国王得名，此人是莱昂和卡斯提尔的国王，通常译为阿尔方索十世（Alfonso X，1223—1284 年）。因为赞助天文学研究（他本人想必也对此很有兴趣），所以当时风行欧洲的《阿尔方索星表》和另一部天文学著作都归在他名下。阿尔方索十世在哥白尼时代，仍是在天文学上大有地位之人，例如，当年来华耶稣会士在《崇祯历书》（1634 年修成）中曾这样说："兹惟新法，悉本之西洋治历名家曰多禄某（按即托勒密）、曰亚而封所（按即阿尔方索十世）、曰歌白泥（按即哥白尼）、曰第谷（按即丹麦天文学家 Tycho）四人者。盖西国之于历学，师传曹习，人自为家，而是四家者，首为后学之所推重，著述既繁，测验益密，立法致用，俱臻至极。"

托勒密的《至大论》是欧洲整个中世纪的天文学《圣经》，《阿尔方索星表》当然是以托勒密的体系为基础编算的。但是，它真的像 1969 年版的《不列颠百科全书》中那个条目说的那样繁琐吗？

这里我们有必要参考一个曾读过哥白尼《天体运行论》600 次的人的意见。

这是一个名叫欧文·金格里奇（Owen Gingerich）的美国人。他是哈佛大学的天文学教授和科学史教授，曾担任该

校科学史系主任，还担任过国际天文学联合会（IAU）美国委员会的主席。他是研究欧洲 16 世纪天文学史的权威，在这方面发表了大量论著。他还有一个奇特的癖好：三十多年间行程数十万英里，在世界各地查阅了近 600 册第一版、第二版的《天体运行论》。金格里奇在此基础上汇编了一本《哥白尼〈天体运行论〉第一第二版评注普查》(*An Annotated Census of Copernicus' De Revolutionibus：Nurumberg，1543 and Basel, 1566*)。而他最重要的著作之一是《哥白尼大追寻与其他天文学史探索》(*The Great Copernicus Chase and Other Adventures in Astronomical History*)。

金格里奇曾就托勒密体系仅处理一个行星的运动就需要 40—60 个本轮的说法，向《不列颠百科全书》的编辑们质疑其真实性，但那些编辑"闪烁其词"，他们推说这一条目的撰写者已经去世，而关于条目中上述说法的证据，他们也无法提供任何线索。

金格里奇用电脑重新计算了在哥白尼之前曾长期流行的《阿尔方索星表》，发现它完全是依据托勒密原初方案的，它的"纯粹而简单的计算"数据竟然与 16 世纪上半叶记录下来的实际观测极为吻合。而在 1531 年问世的施特夫勒（J. Stoeffler）的《星历表》(*Ephemeridum opus*)——金格里奇认为它是当时最优秀的——中，也"绝对没有任何关于本轮相叠加的证据"。所以金格里奇认为，"一个重复了多次并且似乎已经确定无疑的传说，大概就这样破灭了"。

　　虽然在《天体运行论》完成之前，哥白尼本人确实曾经在他的小册子《纲要》中欢呼过："看哪！只需要 34 个圆就可以解释整个宇宙的结构和行星们的舞蹈了！"但是金格里奇指出，由于哥白尼添加了许多小本轮，"他实际上得（用）到了与《阿尔方索星表》或施特夫勒《星历表》所用的托勒密的计算方案相比而言更多的圆"。

　　上面这个关于托勒密体系复杂而哥白尼体系简洁的错误传说，至今仍在流传。金格里奇对此颇有些愤愤不平，他说："显然，我并没有扑灭这个谬种。"

哥白尼学说往事: 科学证据是必要的吗?

科学证据是必要的吗?

教师在课堂向学生传授科学知识时，通常也会描绘一些相关的历史图景，不过这种图景往往不是真实的，而是根据"教学需要"建构起来的虚假图景。人们相信，这种图景对于学生尽快掌握教师所要传授的知识是有利的。

在这种图景中，一个科学理论之所以会获得胜利，必定是因为它得到了实验（或观察）的证实——也就是它被证明是"正确的"。例如，爱因斯坦在 1915 年提出广义相对论，并预言：远处恒星的光线在到达地球被我们看见的路程中，如经过大的引力场，就会偏折。在 1919 年发生日全食之后，世人普遍相信这个预言已经由爱丁顿爵士在日食观测中证实了（现在我们知道这并非事实），于是广义相对论被证明是正确的。教师在课堂所描绘的图景中，科学学说的胜利普遍遵循上述模式。

哥白尼学说的提出及其胜利，被认为是近代"科学革命"的第一场大戏，真是"革命如此多娇，引无数学者竞折腰"，许多科学史和科学哲学的大家都对"哥白尼革命"专门下过功夫。可是偏偏在这个哥白尼学说的胜利问题上，教师们如果不想歪曲事实，就只好顾左右而言他了——因为哥白尼学说的胜利之路，明显违背了上述普遍模式。

哥白尼无法回答的诘难

哥白尼的日心说，是一个和人们的日常感觉直接冲突的学说，因为它断言太阳静止在宇宙的中心，我们每天看见的太阳东升西落和太阳在黄道上的周年运动，实际上是我们地球自转并围绕着太阳旋转造成的现象。而哥白尼学说打算取代的，是已经被世界广泛接受的托勒密地心说，它主张地球静止在宇宙的中心，这与我们的日常感觉完全相符。

按照常理来推想，一个与人们的日常感觉明显冲突的学说，要取代一个长期被广泛接受而且与日常感觉完全相符的学说，显然特别需要实际的观测证据来证明它的正确性。可是在哥白尼提出他的日心学说时，关于这一学说的任何实际观测证据都还没有出现。

事实上，古希腊的阿利斯塔克早就提出过日心地动的学说了——当然他未能做出哥白尼那样的系统论证。日心地动学说之所以长期得不到认可，是因为始终存在着两条重大的反对理由。对于这两条反对理由，哥白尼本人也未能给出有效的反驳。

第一条，如果地球真的是围绕太阳旋转，那我们为何观测不到恒星的周年视差（annual parallax）？

地球如确实在绕日进行周期为一年的公转，则相隔半年，从它的椭圆轨道之此端运行至彼端，这两端的距离可达近3亿千米。从三角测量的角度来说，在一根长达3亿千米的基线两端观测远处的恒星，它们的方位无论如何应该有所改变，这就是恒星的周年视差。

由于自古以来，天文学家从来没有观测到恒星的周年视差，这就成为对日心地动学说的致命反证——无法证明地球是在绕日公转的。在哥白尼学说问世之后，第谷·布拉赫的天文观测被欧洲公认达到了前无古人的精度，他也没有观测到恒星的周年视差。哥白尼在《天体运行论》中，只能强调恒星非常遥远，因而周年视差非常微小，无法观测到。这确实是事实。但要驳倒这条反对理由，只有将恒星周年视差观测出来才行。

第二条反对理由，被用来反对哥白尼学说中地球的自转，也是从日常感觉出发的：如果地球真的在自转，那我们垂直向上抛掷一个物体，它落回地面的地点，应该偏向上抛位置的西边。或者换一种更简单的实验：从桅杆顶端垂直落下一块石头，石头落地的位置应该在桅杆西边一点。而在日常生活中，我们观测不到任何这样的效应。

带着这样两条"致命伤"，哥白尼学说怎么可能被承认为正确的科学学说呢？

迟来的科学证据

哥白尼学说的那两条"致命伤口"，后来随着科学的发展，终于慢慢愈合了。

小的那条"伤口"愈合得早一些，到 17 世纪伽利略阐明运动的相对性原理，以及有了速度的矢量合成之后，得到了合理解释：由于地球在自转，所以石头从一开始就拥有向东的横向速度，垂直和横向速度的合成就使得石头落回原处。

大的那条"伤口"，用了长得多的时间才得以愈合。随着望远镜的广泛应用，人们可以观测到更为微小的差值，1838年，F. W. 贝塞尔终于观测到了恒星天鹅座 61 的周年视差。哥白尼当年的解释，至此可以成立了。

不过在此之前，已经出现了另一个支持哥白尼学说的证据。1728 年，J. 布拉德雷发现了恒星的周年光行差（annual aberration），作为地球绕日公转的证据，这和恒星周年视差具有同等效力。罗马教廷在三十年后取消了对哥白尼学说的禁令（1757 年）。所以，严格地说，哥白尼学说最早也要到 1728 年才得到了科学的证明，才可以被承认为一个正确的学说。

但是为什么在此之前，许多人已经接受这个学说了呢？开普勒就是一个非常有说服力的例子。他在伽利略做出望远镜新发现之前，就已经勇敢接受了哥白尼学说（有他 1597 年 10 月 13 日致伽利略的信件为证），而当时，反对哥白尼学说的理由还一条也未被驳倒，支持哥白尼学说的发现还一项也未被做出。

"先结婚后恋爱"

哥白尼学说"革命"的对象，是他自己的精神乳母——托

勒密宇宙学说。但是革命总要有思想资源，然而哥白尼的学说没有精确性的提高（和第谷·布拉赫相比，哥白尼在天文观测的水准和精度方面都大大逊色），自己的理论还有着无法解释的、和日常现象的明显冲突。那当时哥白尼依靠什么来发动他的革命呢？

托马斯·库恩（T. Kuhn）在他的力作《哥白尼革命》中指出，哥白尼革命的思想资源，是哲学上的"新柏拉图主义"。出现在公元3世纪的新柏拉图主义，是带有神秘主义色彩的哲学派别，他们"只承认一个超验的实在"；他们"从一个可变的、易腐败的日常生活世界，立即跳跃到一个纯粹精神的永恒世界里"；而他们对数学的偏好，则经常被追溯到相信"万物皆数"的毕达哥拉斯学派。当时哥白尼、伽利略、开普勒等人，从人文主义那里得到了两个信念：一、相信在自然界发现简单的算术和几何规则的可能性和重要性；二、将太阳视为宇宙中一切活力和力量的来源。

"革命"本来就包含着"造反"的因素，即不讲原来大家都承认的那个道了，要改讲一种新道理，而这种新道理是不可能从原来的道理中演绎出来的——那样的话就不是革命了。科学革命当然不必如政治革命那样动乱流血，但道理是一样的。如果不革命，那么满足于在常规范式下工作的天文学家们，只能等到布拉德雷发现恒星周年光行差，或等到贝塞尔发现恒星周年视差之后，才能够完全接受哥白尼日心体系。然而这并不是历史事实。因为在此之前，哥白尼体系实际上已经被

著名科学史家托马斯·库恩及其名作《哥白尼革命》

越来越多的学者所接受。因此哥白尼革命的胜利，明显提示我们——科学革命实际上借助了科学以外的思想资源。

在这场提前获得的胜利中，科学证据不是必要的。开普勒、伽利略等人基于哲学理念而对哥白尼学说的接纳（例如，开普勒的"宇宙和谐"信念，就与新柏拉图主义一脉相承），类似于"先结婚后恋爱"——先接受这个学说，再"齐心合力将转动的马车拉到目的地"（开普勒鼓动伽利略的原话）。

爱丁顿到底有没有验证广义相对论？

一个教科书中的神话

有一些进入了教科书的说法，即使被后来的学术研究证明是错了，仍然会继续广泛流传数十年之久。"爱丁顿1919年观测日食验证了广义相对论"就是这样的说法之一，即认为爱丁顿通过1919年5月的日全食观测，验证了爱因斯坦广义相对论对引力场导致远处恒星光线偏折的预言。这一说法在各种科学书籍中到处可见，稍举数例如下：

理查德·奥尔森等人编的《科学家传记百科全书》"爱丁顿"条这样写道："爱丁顿……拍摄1919年5月的日食。他在这次考察中获得的结果……支持了爱因斯坦惊人的预言。"著名的伽莫夫《物理学发展史》、卡约里《物理学史》中都采用同样的说法。在非物理学或天体物理学专业的著作中，这种说法也极为常见，比如在卡尔·齐默所著《演化：跨越40亿年的生命纪录》一书中，为反驳"智能设计论"，举了爱因斯坦广义相对论对引力场导致远处恒星光线偏折的预言为例，说"智能设计论"无法提出这样的预言，所以不是科学理论。作

者也重复了关于爱丁顿在 1919 年日食观测中验证了此事的老生常谈。这个说法还进入了科学哲学的经典著作中，波普尔在著名的《猜想与反驳》一书中，将爱丁顿观测日食验证爱因斯坦预言作为科学理论预言新的事实并得到证实的典型范例。他说此事"给人以深刻印象"，使他"在 1919—1920 年冬天"形成了著名的关于"证伪"的理论。爱丁顿验证了广义相对论的说法，在国内作者的专业书籍和普及作品中更为常见。

这个被广泛采纳的说法是从何而来的呢？它的出身当然是非常"高贵"的。例如，我们可以找到爱丁顿等三人联名发表在 1920 年《皇家学会哲学会报》(*Philosophical Transactions of the Royal Society*) 上的论文，题为《根据 1919 年 5 月 29 日的日全食观测测定太阳引力场中光线的弯曲》，作者在论文最后的结论部分，明确地、满怀信心地宣称："索布拉尔和普林西比的探测结果几乎毋庸置疑地表明，光线在太阳附近会发生弯曲，弯曲值符合爱因斯坦广义相对论的要求，而且是由太阳引力场产生的。"

上述结论当然不是爱丁顿爵士的自说自话，它早已得到科学共同体的权威肯定。事实上在此之前爱丁顿已经公布了他的上述结论。因为在 1919 年的《自然》杂志上，E. Cunningham 连载两期的长文《爱因斯坦关于万有引力的相对论》中已经引用了上述爱丁顿论文中的观测数据和结论。

[291]

IX. *A Determination of the Deflection of Light by the Sun's Gravitational Field,*
from Observations made at the Total Eclipse of May 29, 1919.

By Sir F. W. DYSON, *F.R.S., Astronomer Royal,* Prof. A. S. EDDINGTON, *F.R.S.,*
and *Mr.* C. DAVIDSON.

(*Communicated by the Joint Permanent Eclipse Committee.*)

Received October 30,—Read November 6, 1919.

[PLATE 1.]

CONTENTS.

I. PURPOSE OF THE EXPEDITIONS.

1. THE purpose of the expeditions was to determine what effect, if any, is produced by a gravitational field on the path of a ray of light traversing it. Apart from possible surprises, there appeared to be three alternatives, which it was especially desired to discriminate between—

(1) The path is uninfluenced by gravitation.

(2) The energy or mass of light is subject to gravitation in the same way as ordinary matter. If the law of gravitation is strictly the Newtonian law, this leads to an apparent displacement of a star close to the sun's limb amounting to $0''\cdot87$ outwards.

(3) The course of a ray of light is in accordance with EINSTEIN's generalised relativity theory. This leads to an apparent displacement of a star at the limb amounting to $1''\cdot75$ outwards.

In either of the last two cases the displacement is inversely proportional to the distance of the star from the sun's centre, the displacement under (3) being just double the displacement under (2).

It may be noted that both (2) and (3) agree in supposing that light is subject to gravitation in precisely the same way as ordinary matter. The difference is that, whereas (2) assumes the Newtonian law, (3) assumes EINSTEIN's new law of gravitation. The slight

VOL. CCXX.—A 579. 2 S [*Published April* 27, 1920.

爱丁顿论文《根据 1919 年 5 月 29 日的日全食观测测定太阳引力场中光线的弯泡》(*Determination of the Deflection of Light by the Sun's Gravitational Field*, *from Observations Made at the Total Eclipse of May 29*, *1919*)

爱丁顿其实未能验证爱因斯坦的预言

那么这个进入教科书多年的"标准说法",究竟有什么问题呢?

这就要涉及"科学的不确定性"了。本来,诸如相对论、物理学、天体物理之类的学问,在西方通常被称为"精密科学"——指它们可以有精密的实验或观测,并可以用数学工具进行高度精确的描述。但是,即使是这样的学问,仍然有很大的不确定性。而这种不确定性是我们传统的"科普"中视而不见或尽力隐瞒的。

具体到在日食时观测太阳引力场导致的远处恒星光线弯曲(偏折)这件事,事实上其中的不确定性远远超出公众通常的想象。

之所以要在日食时来验证太阳引力场导致的远处恒星光线弯曲,是因为平时在地球上不可能看到太阳周围(指视方向而言)的恒星,日全食时太阳被月球挡住,这时才能看到太阳周围的恒星。在 1919 年的时代,要验证爱因斯坦广义相对论关于光线弯曲的预言,办法只有在日食时进行太阳周围天区的光学照相。但麻烦的是,在照片上当然不可能直接看到恒星光线弯曲的效应,所以必须仔细比对不同时间对相同天区拍摄的照片,才能间接推算出恒星光线弯曲的数值。

比较合理的办法是,在日食发生时对太阳附近天区照相,再和日食之前半年(或之后半年)对同一天区进行的照相(这时远处恒星光线到达地球的路上没有经过太阳的引力场)比对。通过对相隔半年的两组照片的比对和测算，确定恒星光线偏折的数值。这些比对和测算过程中都要用到人的肉眼，这就会有不确定性。

更大的不确定性，是因为即使在日全食时，紧贴太阳边缘处也是不可能看到恒星的，所以太阳边缘处的恒星光线偏折数值只能根据归算出来的曲线外推而得，这就使得离太阳最近的一两颗恒星往往会严重影响最后测算出来的数值。

那么爱丁顿1919年观测归来宣布的结论是否可靠呢？事后人们发现，是不可靠的。

在这样一套复杂而且充满不确定性的照相、比对、测算过程中，使最后结果产生误差的因素很多，其中非常重要的一个因素是温度对照相底片的影响。爱丁顿他们在报告中也提到了温度变化对仪器精度的影响，他们认为小于10°F的温差是可以忽略的，但在两个日食观测点之一的索布拉尔，昼夜温差达到22°F。在索布拉尔一共拍摄了26张比较底片，其中19张由一架天体照相仪拍摄，质量较差；7张由另一架望远镜拍摄，质量较好。然而按照后7张底片归算出来的光线偏折数值，却远远大于爱因斯坦预言的值。

最后公布的是26张底片的平均值。研究人员后来验算发现，如果去掉其中成像不好的一两颗恒星，最后结果就会大大改变。

不是学术造假，是社会建构

爱丁顿当年公布这样的结论，在如今某些"学术打假恐怖

主义"人士看来，完全可以被指控为"学术造假"。当然，事实上从来也没有人对爱丁顿做过这样的指控。科学后来的发展最终还是验证了他的"验证"。

在1919年爱丁顿轰动世界的"验证"之后，1922年、1929年、1936年、1947年、1952年各次日食时，天文学家都组织了检验恒星光线弯曲的观测，各国天文学家公布的结果言人人殊，有的与爱因斯坦预言的数值相当符合，有的则严重不符。这类观测中最精密、最成功的一次是1973年6月30日的日全食，美国人在毛里塔尼亚的欣盖提沙漠绿洲做了长期的准备工作，用精心设计的计算程序对所有的观测进行分析之后，得到太阳边缘处恒星光线偏折值为 $1.66'' \pm 0.18''$。为了突破光学照相观测的极限，1974—1975年间，福马伦特和什拉梅克利用甚长基线干涉仪观测了太阳引力场对三个射电源辐射的偏折，终于以误差小于1%的精度证实了爱因斯坦的预言。也就是说，直到1975年，爱因斯坦广义相对论的预言才真正得到了验证。但这一系列科学工作通常都没有得到公众和媒体的关注。

那么，爱丁顿当年为什么不老老实实地宣布他们得到的观测结果未能验证爱因斯坦的预言呢？我们倒也不必对爱丁顿作诛心之论，比如说他学风不严谨、动机不纯洁等。事实上，只需认识到科学知识中不可避免地会有社会（人为）建构的成分，就很容易理解爱丁顿当年为什么要那样宣布了。

科学中的不确定性其实普遍存在，而不确定性的存在就决定了科学知识中必然有人为建构的成分，这是一个方面。另一方面，则是社会因素的影响。爱丁顿当时的学术声誉、他的自负（相传他当时自命为除了爱因斯坦之外唯一懂得相对论的人）、科学共同体和公众以及大众传媒对他 1919 年日食观测的殷切期盼等，这一切都在将他"赶鸭子上架"，他当时很可能被顶在杠头上下不来了。

所以，是 1919 年的科学界、公众、媒体，和爱丁顿共同建构了那个后来进入教科书的神话。

迷人悬案：玻尔与海森堡之1941

　　玻尔和海森堡1941年在哥本哈根的会晤，在物理学史的小圈子里也可以算是"众所周知"了，但对于一般公众来说，这仍是一件相当陌生的陈年往事，很少有人关注。不过由于一出被称为"科学历史剧"的《哥本哈根》在西方和中国都长演不歇，所以看来此事还能够吸引一小部分人的兴趣（要不他们就不会去看这个戏剧了）。

　　前不久偶然参加了一个纪念玻尔原子结构模型问世一百周年的会议，勾起了我对此事的兴趣。因为会上请来的嘉宾中有玻尔的孙子维尔海姆·玻尔，听众不免又向他问起他爷爷的这件著名往事，小玻尔提供了一个对在场听众来说比较新鲜的说法。况且，也许是中国对于玻尔最有权威性发言权的人、已故的戈革教授——他以一人之力翻译了12卷玻尔文集，还因此被丹麦女王授予骑士勋章—— 又是我的忘年之交，剧本《哥本哈根》也是戈革教授翻译的，于是回家将戈革教授的著作和译作翻出来，又重温了一回。

玻尔与海森堡 1941 年的神秘会晤

丹麦最伟大的物理学家，也是世界上最伟大的物理学家之一尼耳斯·玻尔，曾有晚辈同事及好友曰沃尔纳·海森堡，这两个人的名字永远都会和量子力学联系在一起，两人分别在1922 年和 1932 年获诺贝尔物理学奖。1941 年这两人在哥本哈根的一次会晤，因为双方事后都讳莫如深或语焉不详，遂成科学史上的著名悬案。围绕此一悬案，已经发表和出版的文章及论述，堪称汗牛充栋。这件事简单说来是这样的：

1941 年，丹麦已处在德军占领之下，但玻尔还留在哥本哈根，继续领导他的理论物理研究所。海森堡曾在这个研究所工作过，与玻尔有着介于师友之间的友谊，但此时他是与纳

20 世纪 30 年代海森堡（左）与玻尔在哥本哈根会面时合影

粹当局合作的物理学家。这年 9 月，海森堡应德国人在哥本哈根设立的"德国文化研究所"之邀前来演讲，玻尔因不愿与德国占领军当局合作，照例拒绝出席此次演讲会。但海森堡要求与玻尔见面，玻尔许之，于是海森堡访问了玻尔。谈话时间不长，双方不欢而散，他们的友谊至此遂告终结。玻尔的太太玛格丽特，对海森堡此次来访很不高兴。

一种常见的说法是，因为海森堡当时公开表示相信德国的胜利指日可待，他此次前来是试图劝说玻尔与德国当局合作，但被玻尔拒绝了。另一种更富专业色彩的说法是，海森堡和玻尔讨论了涉及原子弹制造的某些关键问题（例如可能包括著名的"临界质量"问题）。因为纳粹当局在第二次世界大战之初，就开始了对原子能军事用途的研究，而海森堡正是这方面研究的首席物理学家。

会晤时没有第三者在场，也没有留下任何文字记录。但奇怪的是，事后双方都不愿意谈论此次会晤，对会谈内容更是不约而同地讳莫如深。这强烈提示关于此次会晤的上述说法肯定是太简单了——双方都对会谈内容讳莫如深，多半是因为其中各有难言之隐吧？

会晤留下的种种悬疑

于是这次神秘的会晤就成为一个悬案。围绕此事留下了种种疑点和传说。在这篇篇幅有限的小文里，我只能选择给我印象深刻的三点谈谈。

首先是会谈的地点，我们至少可以见到四种不同的说法！按玻尔的说法，会谈是在他研究所的房间里进行的；但海森堡却说是在哥本哈根的"皮里大道"夜间散步中进行的；第三种说法，会谈是在哥本哈根的"人民公园"一条小径上散步时进行的；还有第四种，会谈地点是哥本哈根的游乐场所"梯沃里公园"——戈革教授认为此说最不可信。

其次是一张神秘的草图。有一种说法，认为海森堡在会晤中给玻尔画了一张草图，玻尔后来还将这张图带到一个会议上去。玻尔相信草图所示是一个原子弹，但其他与会者普遍认为那是一个核反应堆。玻尔的儿子奥格·玻尔（也是一位获得诺贝尔奖的物理学家）坚决否认有过这样一张图。剧本《哥本哈根》的作者迈克尔·弗雷恩——他为写此剧读过数量惊人的相关历史文献，则认为很可能是玻尔自己画了这张草图，目的是告诉与会者海森堡和德国物理学家正在干什么。但弗雷恩也承认历史真相已经难以复原。

最后是玻尔一封奇怪的信。"二战"结束之后，海森堡仍在物理学界活动，世人虽对他曾与纳粹政权合作颇有微词，但他毕竟是诺贝尔奖获得者，是量子力学的奠基人。不过当海森堡1957年发表了对十六年前与玻尔会晤的回忆（不涉及具体内容）之后，玻尔十分恼火，就给海森堡写了一封信。奇怪的是，这封信始终没有寄出，而且玻尔在他生命的最后五年中，反复修改这封信！这封信现保存在玻尔文献馆，内容也已经公开，从信中我们仍然无法知道1941年玻尔与海森堡在会晤中

究竟谈了什么内容。

海森堡能不能、想不想帮纳粹造出原子弹？

会谈的内容既然当事人都讳莫如深，世人就只好根据相关史料文献来猜测了。要猜测这些内容，就必然面临"海森堡能不能、想不想帮纳粹造出原子弹"这两个问题。而要解答这两个问题，只听海森堡本人的说法显然是不够的，况且他本人也不愿意直面这两个问题。所以还是要根据相关史料文献来猜测。在这些史料中，最具戏剧性的是著名的《农庄馆记录》（ *Hitler's Uranium Club：the Secret Recording at Farm Hall* ）。

二战末期，包括海森堡在内的十位为纳粹政权服务的科学家被突击逮捕，秘密送往英国一个被称为"农庄馆"的地方（在剑桥附近），软禁了半年。此举的目的之一，据说是防止这些科学家将原子弹的秘密泄露给别的盟国（比如苏联或法国）。表面上，海森堡等人在"农庄馆"是颇受礼遇的，他们只是来此"做客"而非被拘禁，但"农庄馆"所有房间都秘密安装了窃听设备，记录了海森堡等人半年间的所有一切谈话。

从对《农庄馆记录》的谈话内容分析来推测，海森堡和他领导的物理学家们，应该尚无在纳粹灭亡前造出原子弹的能力。一个重要证据是，当海森堡在餐桌上被告知美国原子弹在广岛爆炸的消息时，他坚决不相信；直到"他亲耳听到了9点钟的 BBC 新闻"才不得不信了。最早有机会阅读《农庄馆记录》的研究者之一杰里米·伯恩斯坦，根据海森堡等人在听到 BBC 新闻广播时的反应推论说：如果当时他们的反应是装出来的，"我就只能说这个集体是以相当惊人的及时性、速度、心计和共同目的而一起得出了他们的故事的。如果他们全部考虑得这么快，而且合作得这么密切，则他们没有在原子弹方面走得更远就是更加令人惊异的了"。

至于海森堡想不想为纳粹政权造出原子弹，也很难有明确答案。许多人倾向于相信，海森堡并未真心实意地为纳粹政权造原子弹。持这种观点的人，包括剧本《哥本哈根》的作者弗雷恩，所以他在剧中让海森堡为自己辩解。也包括了一部分玻尔传记的作者，比如玻尔最重要传记之一的作者阿布拉罕·派斯明确表示："我听到的和读到的一切东西使我毫不怀疑，海森堡不是一个纳粹分子，也不是一个纳粹的同情者。"

维尔海姆·玻尔在上海的纪念会上，也发表了类似的看法。他认为海森堡 1941 年造访玻尔时，虽然他奶奶玛格丽特十分愤怒，但玻尔却比较平静，很可能就是因为玻尔知道海森堡未必会真心实意帮纳粹造原子弹。无论如何，1961 年，即玻尔去世的前一年，玻尔仍然为纪念海森堡 60 岁寿辰的文集写了文章，他在文中说："海森堡在物理学发展中所起的作用，将被当作一种超等的作用而永志不忘。"

步天之歌

梁武帝：一个懂天学的帝王的奇异人生

在中国历史上，懂天学且有史料证据的帝王，据我所知仅两人而已，一是清代康熙帝爱新觉罗·玄烨（1654—1722 年），二是梁朝开国之君梁武帝萧衍（464—549 年）。两人之学又有不同，康熙从欧洲耶稣会士那里学的基本上是今天被称为"天文学"的知识，而梁武帝所懂的才是"正宗"的中国传统天学——天文星占之学。

奇特的《梁书·武帝纪》

在历代官史的帝王传记中，《梁书·武帝纪》几乎是绝无仅有的一篇——星占学色彩极为浓厚。其中结合史事，记载天象凡 14 种 57 次。官史其他帝纪中，不但南朝诸帝，即使上至两汉，下迄隋唐，皆未有记载如此之多天象者。这些天象中最引人注目的是"老人星见"，竟出现了 34 次。

老人星即船底座 α，为南天 0 等亮星。公元 530 年时其坐标为：赤经 87.90°，赤纬 –52.43°；黄经 84.70°，黄纬 –76.02°——这不是一颗北半球常年可见的恒星。史臣在

《武帝纪》中反复记载"老人星见",寓意只能从中国传统星占理论中索解。《开元占经》卷六十八"石氏外官·老人星占二十九"述老人星之星占意义极为详备,最典型的如:"王政和平,则老人星临其国,万民寿。"在中国传统星占学体系中,"老人星见"是少有的几种祥和的吉庆天象之一。

《梁书·武帝纪》中的天象记录,从梁武帝即位第四年开始,至他困死台城而止。在他统治比较稳定且能维持表面上的歌舞升平之时,"老人星见"的记录不断出现。而他接纳侯景的太清元年——公元547年,是为梁朝战乱破亡之始,出现的天象记录却是"白虹贯日";此后更是只有"太白昼见"和"荧惑守心",皆大凶之象。可见这是一篇严格按照中国古代星占学理论精心结撰的传记。

史臣为何要为梁武帝作如此一篇奇特的传记呢?

对印度佛教天学的极度痴迷

梁武帝在位四十八年,绝大部分时间可算"海晏河清",梁朝虽偏安江左,但仍能在相当程度上以华夏文化正统的继承者自居。大约在普通六年(公元525年)前后,梁武帝忽发奇想,在长春殿召集群臣开学术研讨会,主题居然是讨论宇宙模型!这在历代帝王中也可算绝无仅有之事。

这个御前学术研讨会,并无各抒己见自由研讨的氛围,《隋书·天文志》说梁武帝是"盖立新意,以排浑天之论而已",实际上是梁武帝个人学术观点的发布会。他一上来就用一大段夸张的铺陈将别的宇宙学说全然否定:"自古以来谈天者多矣,皆是不识天象,各随意造。家执所说,人著异见,非直毫厘之差,盖实千里之谬。"这番发言的记录保存在唐代《开元占经》卷一中。此时"浑天说"早已在中国被绝大多数天学家接受,梁武帝并无任何证据就断然将它否定,若非挟帝王之尊,实在难以服人。而梁武帝自己所主张的宇宙模型,则是中土传统天学难以想象的:

> 四大海之外,有金刚山,一名铁围山。金刚山北又有黑山,日月循山而转,周回四面,一昼一夜,围绕环匝。于南则现,在北则隐;冬则阳降而下,夏则阳升而高;高则日长,下则日短。寒暑昏明,皆由此作。

梁武帝此说,实有所本——正是古代印度宇宙模式之见于佛经中者。现代学者相信,这种宇宙学说还可以追溯到古代印度教的圣典《往世书》,而《往世书》中的宇宙学说又可以追溯到约公元前 1000 年的吠陀时代。

召开一个御前学术观点发布会,梁武帝认为还远远不够,他的第二个重要举措是为这个印度宇宙在尘世建造一个模型——同泰寺。同泰寺现已不存,但遥想在杜牧诗句"南朝四百八十寺"中,必是极为引人注目的。关于同泰寺的详细记载见《建康实录》卷十七"高祖武皇帝",其中说"东南有璇玑殿,殿外积石种树为山,有盖天仪,激水随滴而转"。以前

学者大多关注梁武帝在此寺舍身一事，但日本学者山田庆儿曾指出，同泰寺之建构，实为摹拟佛教宇宙。

"盖天仪"之名，在中国传统天学仪器中从未见过。但"盖天"是《周髀算经》中盖天学说的专有名词，《隋书·天文志》说梁武帝长春殿讲义"全同《周髀》之文"，前人颇感疑惑。我多年前曾著文考证，证明《周髀算经》中的宇宙模型很可能正是来自印度。故"盖天仪"当是印度佛教宇宙之演示仪器。事实上，整个同泰寺就是一个充满象征意义的"盖天仪"，是梁武帝供奉在佛前的一个巨型礼物。

梁武帝在同泰寺"舍身"（将自己献给该寺，等于在该寺出家）不止一次，当时帝王舍身佛寺，并非梁武帝所独有，稍后陈武帝、陈后主等皆曾舍身佛寺。这看来更像是某种象征性的仪式，非"敝屣万乘"之谓。也有人说是梁武帝变相给同泰寺送钱，因为每次"舍身"后都由群臣"赎回"。

梁武帝又极力推行漏刻制度的改革，将中国传统的每昼夜分为百刻改为 96 刻。初看这只是技术问题，且 96 刻也有合理之处，但实际原因却是梁武帝极度倾慕佛教中所说佛国君王的作息时间，自己身体力行，还要全国臣民从之。梁朝之后，各朝又恢复了百刻制。直到明末清初，西洋民用计时制度传入中国，一昼夜为 24 小时，与中国的十二时辰制度也相匹配，于是梁武帝的 96 刻制又被启用。到今天，一小时 4 刻，一昼夜恰为 96 刻，亦可谓梁武旧制了。

成也天学，败也天学

古代中国传统政治观念中，天学与王权密不可分——天学是与上天沟通、秉承天命、窥知天意最重要的手段；而能与上天沟通者才具有为王的资格。

萧衍本人通晓天学，《梁书·武帝纪》说他"阴阳纬候，卜筮占决，并悉称善"。《梁书·张弘策传》记萧衍早年酒后向张弘策透露自己夺取齐朝政权的野心，就是先讲了一通星占，结果张弘策当场向他表示效忠，后来果然成为梁朝开国元勋。萧衍在进行起兵动员时，自比周武王，也以星占说事："今太白出西方，仗义而动，天时人谋，有何不利？"在中国古代星占理论中，金星（太白）总是与用兵有密切关系，如《汉书·天文志》有"太白经天，天下革，民更王"之说。故萧衍之言，从星占学角度来说是相当"专业"的。

东昏侯被废，萧衍位极人臣，接下来就要接受"禅让"了。搞这一出也要用天文星占说事，但这时要让别人来说了，"齐百官、豫章王元琳等八百一十九人，及梁台侍中臣云等一百一十七人，并上表劝进"，萧衍还假意谦让。最后"太史令蒋道秀陈天文符谶六十四条，事并明著"，萧衍才接受了，即位为梁武帝。不过他在《净业赋·序》中却说："独夫既除，苍生苏息。便欲归志园林，任情草泽。下逼民心，上畏天命，事不获已，遂膺大宝。"仍然极力撇清自己。

梁朝承平四十余年，最后出了"侯景之乱"，华夏衣冠，江左风流，在战乱中化为灰烬。此事梁武帝难辞其咎。侯景

原是东魏大将，领有黄河以南之地，不见容于魏主高澄，遂向梁投降。梁武帝因自己梦见"中原牧守皆以其地来降"，他相信自己"若梦必实"，群臣也阿谀说这是"宇宙混一之兆"，就接纳了侯景。解梦在古代也是星占之学的一部分，即所谓"占梦"，故梁武帝的决策仍有星占学依据。

　　不料侯景趁机向梁朝进军，颠覆了萧梁政权。梁武帝当年改朝换代，雄姿英发，那时他更多的只是利用天学；但在决策接纳侯景时，他似乎真的相信那些神秘主义学说了，这让他一世英名毁于一旦，最终竟饿死在台城。

水运仪象台：神话和传说的尾巴

水运仪象台真的存在过，但如今已成神话

关于北宋水运仪象台，在以往的大众读物中，总是被描绘成一件盖世奇器，它高达 12 米，可以自动演示天象，自动报时，而且是用水力驱动的。由于苏颂在建成水运仪象台之后，又留下了一部《新仪象法要》，里面有关于水运仪象台的详细说明，还有水运仪象台中 150 个部件的机械图，这在中国古代仪器史上，实在是一个激动人心的异数。《新仪象法要》唤起了现代学者极大的研究热情，以及由此滋生的复制水运仪象台的强烈冲动。

水运仪象台的神话发端于 1956 年。这年《自然》杂志上发表了一篇两页长的文章《中国天文钟》（"Chinese Astronomical Clockwork", *Nature*, Vol. 177, 600—602 ），报告了一项对《新仪象法要》的研究成果，作者们相信，"在公元 7 至 14 世纪之间，中国有制造天文钟的悠久传统"。作者们在文章末尾报告说："所有的有关文件都已译成英文，并附详细注释和讨论，希望不久将由古代钟表学会出版一部发表这项研究成果的

专著。"

这篇文章由三位作者署名，依次是：李约瑟、王铃、普赖斯。王铃是李约瑟最重要的助手之一，但值得注意的是第三位作者普赖斯（Dr. Derek J. Price），他在机械史方面应该是权威人士，任耶鲁大学科学史教授，还担任过国际科学史与科学哲学联合会（IUHPS）主席。作者们所预告的研究专著，后来也出版了（*Heavenly Clockwork*：*The Great Astronomical Clocks of Medieval China*, 1960）。李约瑟和普赖斯的上述研究成果问世之后，很快就风靡中国学术界。许多人认为，这项成果发掘出了古代中国人在时钟制造方面被埋没了的伟大贡献，因而"意义极为重大"。

水运仪象台"擒纵器"之争

水运仪象台之所以"意义极为重大"，很大程度上是因为李约瑟和普赖斯在上述文章中宣布，水运仪象台中有"擒纵器"（escapement）："更像后来 17 世纪的锚状擒纵器。"尽管他们也承认"守时功能主要是依靠水流控制，并不是依靠擒纵器本身的作用"，但仍然断言："这样一来，中国天文钟的传统，和后来欧洲中世纪机械钟的祖先，就有了更为密切的直接关系。"

然而，恰恰是在"擒纵器"问题上，其实存在着严重争议。

1997 年，两位可能是在水运仪象台问题上最有发言权的中国学者，不约而同地出版了他们关于这个问题的著作：胡维佳教授的《〈新仪象法要〉译注》和李志超教授的《水运仪象志：中国古代天文钟的历史》。

胡维佳教授强调指出，李约瑟和普赖斯"错误地认为关舌、天条、天衡、左天锁、右天锁（皆为《新仪象法要》中的机械部件）的动作原理与机械钟的擒纵机构，特别是与 17 世纪发明的锚状擒纵机构相似"。这个错误被李约瑟多次重复，并被国内学者反复转引，结果流传极广。李约瑟和普赖斯使用的 escapement 这个词汇，很容易误导西方读者让他们联想到"17 世纪的锚状擒纵器"。为此胡维佳教授还考察了西方学者在这个问题上的一系列争议。

李志超教授对于《新仪象法要》中的"擒纵器"，也有与李约瑟和普赖斯完全不同的理解。他认为："水轮—秤漏系统本身已经由秤当擒纵机构，那就不会再有另外的擒纵器。李约瑟的误断对水运仪象台的研究造成了极大的干扰。"

为何对于《新仪象法要》中的文字和图形，理解会如此大相径庭？这恐怕和《新仪象法要》自身的缺陷有关。例如，南宋朱熹曾评论此书说："元祐之制极精，然其书亦有不备。乃最是紧切处，必是造者秘此一节，不欲尽以告人耳。"工程制图专家也曾指出，对于《新仪象法要》中的图，今人无法确定它们与实物构件之间的比例关系。文字和图形两方面信息的不完备，给今人的复制工作留下了相当大的争议和想象空间，也使得严格意义上的复制几乎成为一项"不可能的任务"。

对于水运仪象台究竟达到何种成就，李志超教授持肯定态度，他认为"韩公廉（苏颂建造水运仪象台的合作者）是一位超时代的了不起的伟大机械师！水运仪象台是技术史上集大成的世界第一的成就"。但胡维佳教授则似乎对水运仪象台是否真的具有古籍中所记载的那些神奇功能持怀疑态度，他认为值得注意的是，关于水运仪象台的"实际水运情况，找不到任何相关的记载和描述。对于这样一座与天参合的大型仪器来说，这是十分奇怪的"。

所以，《新仪象法要》固然陈述了水运仪象台的"设计标准"，但我们也不是没有理由怀疑这座巨型仪器当年建成后，是否真的达到了这些标准。

要证明水运仪象台真的可能具有那样神奇的功能，唯一的途径，就是在严格意义的现代复制品中，显现出古籍所记载的那些神奇功能。

事实上，对水运仪象台的复制运动已经持续了数十年。1958 年，王振铎率先在中国历史博物馆复制，为五分之一缩小比例，但并不能真正运行。而据不完全统计，从 1958 年到 2010 年，半个世纪中至少有十几件复制品出现，比例从 1:10 到 1:1 不等，其中 1:1 的复制品就已经有三件。这些复制品大部分不能运行，有的要靠内部装电动机运行，即使是号称"完全以水为动力，运行稳定"的，也缺乏完整的技术资料和运行状况的科学报告。

因而，在关于《新仪象法要》中那些关键性技术细节获得统一认识，并据此造出真正依靠水力驱动而且能够稳定运行精确走时的复制品之前，关于水运仪象台的那些神奇功能，就仍有洗不净的神话色彩和割不掉的"传说"尾巴。

希腊"Antikythera 机"和欧洲的有关背景

建构水运仪象台神话的另一个要点，是对西方相关历史背景的忽略——如果考虑了这种背景，水运仪象台的伟大就不得不大打折扣。

格林威治皇家天文台台长利平科特（K. Lippincott）等人在《时间的故事》中告诉读者，从公元前 3 世纪起，地中海各地就已有用水力驱动的、能够演示天文现象的机械时钟。虽然随着罗马帝国的崩溃，拉丁西方丧失了大部分这类技术，但是稍后在拜占庭和中东的一些伊斯兰都市中，仍在使用水力驱动的大型机械时钟。而到了公元 11 世纪末——注意这正是苏颂建成水运仪象台的年代，拉丁西方已经找回这些技术，那时水力驱动的大型机械时钟已经在欧洲许多重要中心城市被使用。所以水运仪象台恐怕很难谈得上"超时代"。

地中海地区早期机械天文钟的典型例证，是一具 20 世纪初从希腊 Antikythera 岛附近海域的古代（公元前 1 世纪）沉船中发现的青铜机械装置残骸，通常被称为"Antikythera 机"（现藏雅典国家考古博物馆）。这具"奇器"的著名研究者，不是别人，正是和李约瑟合写"中国天文钟"文章的普赖斯！他断定这一机械装置"肯定与现代机械钟非常相似"，而且"它

能够计算并显示出太阳和月亮，可能还有行星的运动"——这和水运仪象台的功能岂非如出一辙？公元前 1 世纪竟能造出如此精密的机械，难怪它被称为"技术史上最大的谜之一"，但它确实为上述利平科特谈到的历史背景提供了实物旁证。

星盘真是一种奇妙的东西

从乔叟的书和教皇的手艺说起

说到乔叟（Geoffrey Chaucer），许多人当然会想到他的《坎特伯雷故事》（*The Canterbury Tales*），所以他在世界文学史上牢牢占有一席之地。但是乔叟在星占学上也大有造诣，许多人就不知道了。尽管在《坎特伯雷故事》中他忍不住技痒，也透露过一些蛛丝马迹，比如在"武士的故事"、"律师的故事"、"巴斯妇的故事"中都有谈论星占学的段落，在故事开头介绍人物时，对医生的介绍中也有"他看好了时辰，在吉星高照的当儿为病人诊治，原来他的星象学是很有根底的"这样的话头。

乔叟可是正儿八经写过星占学著作的，他留下了《论星盘》（*Treatise on the Astrolabe*）一书。相传此书是他为儿子所作。他在书中像所有的星占学家一样，表示坚信行星确实能够影响人生的境遇。

乔叟书中所论的星盘，是一种奇妙的东西。这种东西在现今欧洲的博物馆中不时可见，有时被当作"科学仪器"，有时

275

也会被当作艺术品或工艺品——事实上星盘确实同时具有这两种属性。星盘在中世纪欧洲和伊斯兰世界都大行其道，留下了许多著名作品，其中有些还相当珍贵。

比如在星盘制造史上，有一个重要人物是吉尔伯特（Gerbert），他是公元10世纪驰名欧洲的学者，博览群书，而且在西班牙待过很长时间，因而熟悉伊斯兰文化——当时西班牙是基督教世界与伊斯兰世界交融的重镇。有趣的是此人还做过一任罗马教皇，即西尔维斯特二世（Sylvester Ⅱ，999—1003年在位）。这位博学的教皇对天文学、星占学、数学有着浓厚的兴趣，而且以擅长制作星盘和其他天文仪器驰誉当时。现今保存在佛罗伦萨博物馆中的一具星盘，相传就是他亲手制作或使用过的。由于星盘使用时与当地的地理纬度有直接关系，而这具星盘恰好被设定为罗马的地理纬度，这被认为是该星盘出于教皇西尔维斯特二世之手的证据之一。

中世纪的高科技和艺术品

星盘通常用黄铜制成，主体是一个圆形盘面和几个同心的圆环，还有一根可以绕着这一圆心在盘面上任意旋转的测量标杆（称为"alidade"）。圆盘中心对应的是天球北极，围绕着北极，有三个同心圆，分别代表北回归线、天球赤道和南回归线。在这样的坐标系统中，南回归线以南的天空，以及南天的群星，都无法在星盘上得到反映。不过考虑到几乎所有的古代文明都在北半球，所以对古人来说，在星盘上忽略南天星空是完全合理的。

作为星盘主题的圆盘，通常由两层组成。下层盘面上刻着几个坐标系统：包括天球黄道、天球赤道以及天球上的回归线，还有地平纬度和地平经度。使用者可以由此测量天体的位置。上层则是一个大部分镂空了的圆盘，称为"网环"（rete，这个拉丁文词汇来源于阿拉伯语"蛛网"），可以绕着代表北天极的圆心在下层圆盘上旋转。"网环"之所以大部分要镂空，是为了让下层盘面上的坐标系统显示出来——如果古代就有今天的透明塑料或有机玻璃，古人想必就不用那么麻烦去制作"网环"了。

这里还有一个麻烦：在盘面的地平坐标网中，北天极的位置是随着当地的地理纬度而变化的。也就是说，任何一具星盘，都只能在某个固定的地理纬度上使用。这一点倒是和中国古代的赤道式浑仪必须安放在固定的地理纬度上使用异曲同工。不过中国古代的浑仪是大型仪器，固定使用地点当然没有问题；而星盘原本是具有浓厚便携色彩的小型仪器，它如果也要受地理纬度这个约束的话就太不方便了。解决的办法，是为星盘提供一系列的圆盘，每个圆盘上刻有不同地理纬度的投影坐标。这些被称为"climate"的圆盘可以一个个重叠起来，星盘的使用者可以选择最适合当地地理纬度的一个来使用。当然，这样一叠黄铜圆盘也必然使星盘变得沉重许多。

不难想象，在古代要制作这样一具星盘，实在不是一件容易的事情。这需要天文学、几何学的知识，需要黄铜冶炼、机

械装置、金属蚀刻等方面的工艺。所以，星盘完全可以视为古代欧洲和伊斯兰世界的"高科技产品"。

这种身兼科学仪器和艺术品两种属性的贵重物品，又有多少实用价值呢？

它是古代星占学家的枕中鸿秘，妙用颇多，主要有如下各项：

测定天体的地平高度。只需将星盘悬挂起来，这样它就垂直竖立了，让测量标杆指向要测量的天体，就可在圆盘边缘的刻度上读出该天体的地平高度。

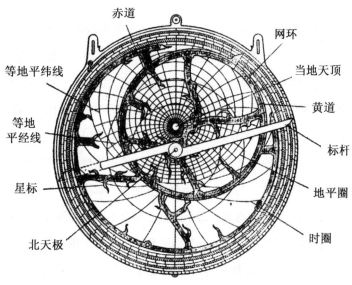

一具典型星盘的结构示意图

测定当地时间。只要在星盘上测得了太阳的地平高度，即可利用星盘外侧的圆环之一"时圈"求得当地时间。如果是在

278

夜晚，可以用一颗已知其坐标的恒星（通常在"网环"上已经标出了若干著名的明亮恒星），用它取代太阳，也能够获得同样结果。所以一具星盘同时就是一具时钟。

演示当地所见星空的周日视运动。这只需缓缓转动"网环"即可，"网环"上所标示出来的那些恒星，就会在底盘盘面上所刻画的当地地平坐标网中画出周日视运动的轨迹。这个功能，和今天用软件在电脑屏幕上演示当地星空周日视运动完全相同。

预推某个天文事件发生的时刻。例如，如果要知道当地何时日出，只需旋转"网环"，直至太阳处于地平线的最东部，然后用测量标杆读出对应的时刻，即为当地的日出时刻。

星盘和古希腊人的投影几何

可以肯定的是，星盘与古希腊有着明确的渊源，它至迟在希腊化时代已经被发明出来。托勒密在《至大论》(*Almagest*)卷 V 中专门有一节详述星盘的构造和使用方法。尽管他并未明确说明这究竟是前人的创造还是他自己的发明，但重要的一点是，托勒密所描述的星盘构造，已经和留传至今的中世纪星盘实物非常吻合。

星盘的奥秘，简单说来，就是将天球上的球面坐标投影到平面上。古希腊人对于球面坐标系统以及这种系统所需要的球面几何学，都已经掌握（今天全世界天文学家统一使用的天球坐标系统，就是从古希腊原封不动继承下来的）。对于平面几

何学，当然更不用说了。但是更奇妙的是，从星盘的原理上可以清楚地看出，古希腊人还掌握了将球面坐标投影到平面上的方法，以及这种投影过程中所涉及的几何学原理。

星盘盘面上刻画的坐标系统，实际上就是从天球南极将整个北半天球投影到天球赤道平面上的结果。当然从天球北极投影也是等价的，但这样投影出来的只能是南天星空，而如前所述，古人需要处理的是北天星空。

古希腊人已经知道，在这样的投影中，北天球上的每一个点，都可以精确投影到赤道平面上。而且他们还知道一个奥秘：这样的投影有着一种令人惊奇的特性——弯曲的天球球面上的角度，经过投影不会改变。所以天球上的球面三角问题就可以轻易转换为更为简单的平面三角问题。事实上，不知道这个奥秘，就不会有星盘。

古希腊人的星盘，在伊斯兰阿拉伯人手中进一步完备，中世纪和文艺复兴时期的西欧又使之更为精致。在伊斯兰的阿拉伯世界和中世纪基督教的欧洲，星盘都是天文学、星占学、星占医学最常用的基本仪器之一。

天文年历之前世今生

1679 年在法国出版的《关于时间和天体运动的知识》，通常被认为是时间上最早的天文年历。其实类似的出版物早已有之，就是星占年历——其中包括一年中重要的天文事件，如日月交食、行星冲合；当然也包括历日以及重大的宗教节日，以及对来年气候、世道等的预测。星占年历中还包括许多各行各业的常用知识汇编，比如给水手用的年历中有航海须知，而给治安推事用的年历中有法律套语等。

公元 1600 年之前，在欧洲这类读物至少已经出现了 600 种，此后更是迅猛增长。例如，17 世纪英国著名的星占学家 W. Lilly 编的星占年历，从 1948 年起每年可以售出近三万册。而在此之前，伟大的天文学家开普勒，早就在编算公元 1595 年的星占年历了。他因为在年历中成功预言这年"好战的土耳其人将侵入奥地利"、"这年的冬天将特别寒冷"而声名鹊起，此后不断有出版商来请他编年历，这对于他清贫的生活来说倒也不无小补。

如果说那些被赋以政治使命的，或是出于星占目的的年

历，不能算"纯粹"的天文年历的话，那么比较"纯粹"的天文年历出现于 18 世纪。《英国天文年历》从 1767 年起逐年出版，九年后《德国天文年历》开始逐年出版，《美国天文年历》1855 年起出版，苏联自己编的《苏联天文年历》1941 年才开始出版。

要说起天文年历在中国的身世，那真可谓家世悠久，血统高贵。

据《周礼》记载，周代有天子向诸侯"颁告朔"之礼，所谓"颁告朔"，就是告诉诸侯"朔"在哪一天，用今天的眼光来看，这可以视为天文年历的滥觞——因为朔仍是今天的天文年历中的内容之一。而与包括日月及各大行星及基本恒星方位数据、日月交食、行星动态、日月出没、晨昏蒙影、常用天文数据资料等内容的现代天文年历相比，清代钦天监编算的《七政躔度经纬历》也算得上天文年历的雏形。

诸侯接受"颁告朔"，就意味着遵用周天子所颁布的历法，也就是奉周天子的"正朔"，这是承认周天子宗主权的一种象征性行为。这种带有明显政治色彩的行为，在中国至少持续了三千年之久。在政权分裂或异族入侵的时代，奉谁家的"正朔"是政治上的大是大非问题；而当中国强盛时，向周边国家"颁赐"历法，又成为确认、宣示中国宗主权的重要行为。

但是天文年历在中国的现代化过程中却又命途多舛。说起来，中国编算现代天文年历比苏联还早。然而在中国当时特殊的社会环境中，此事却总和政治纠缠在一起。

1911年辛亥革命，中华民国成立，临时大总统孙中山发布的第一条政令，就是《改用阳历令》。改用当时世界已经通用的公历（格里历），当然是符合科学的；然而立国的第一条政令就是改历法，这本身就是中国几千年政治观念的不自觉的延续——新朝建立，改历法，定正朔，象征着日月重光，乾坤再造。让历法承载政治重任的传统旧观念，在新时代将以科学的名义继续产生影响。

中华民国成立的"中央观象台"，曾出版过1915年和1917年的《观象岁书》，接着在军阀战乱中，此事无疾而终，停顿了十几年。直到1930年才由中央研究院天文研究所开始比较正式的天文年历编算工作。没想到此时却爆发了长达两年的高层争论，而争论的焦点，竟是在今天看来几乎属于鸡毛蒜皮的细节——要不要在新的天文年历中注出日干支和朔、望、上下弦等月相！

首先，今天难以想象的是，那时编算天文年历的工作是当时的国民党中央党部直接过问的，许多会议都有中央党部的代表参加。而那些天文学家虽然大都是从西方学成归来，受的都是现代科学训练，可是他们在年历问题上却更强调"政治挂帅"！例如，在新编算的天文年历中，每页的下面都印着"总理遗嘱"，天文学家们说这是为了"以期穷陬僻壤，尽沐党化"。后来根据"中央宣传部"的意见，又决定改为在年历中刊印"训政时期七项运动纲要"、"国民政府组织大纲"、"省县政府组织法"等材料，几乎将天文年历编成了一本政治学习

科 学 外 史 Ⅱ

手册。

在要不要注出日干支和月相的问题上，"党部"的意见是"朔望弦为废历遗留之名词，若继续沿用，则一般囿守旧习之愚民，势依此推算废历，同时作宣传反对厉行国历之口实"，所以要求在年历中废除。但是一部分天文学家认为，月相是各国年历中都刊载的内容，应该注出，他们反驳说："想中央厉行国历，原为实现总理崇尚大同之至意，自不应使中国历书在世界上独为无朔望可查之畸形历书。"而教育部官员原先主张在年历中废除日干支，不料"本部长官颇不以为然"，认为干支纪日"与考据有益，与迷信无关，多备一格，有利无弊"。各种意见争论不休，最终似乎是天文学家的意见稍占上风。

当时清代的"皇历"早已废弃，但是由于民国政府未能按年编印新历，民间仍有延用旧时历法或根据旧法自行编算者，这些旧历都被天文学家们称为"废历"，认为应坚决扫除。但是天文研究所的天文年历编算工作，时断时续，从1930年至1941年只编了七年，此后又告中断，直到1948年才又恢复。1948年的年历已经相当完备，却没有费用付印，后来靠空军总部、海军总部和交通部分担费用，才得以印刷。1949年的年历已经编好，竟要依靠七个中央衙门分担费用才得付印，但是印到一半，蒋家王朝覆灭，印刷厂倒闭，这年的年历最终也未能出版。

从1950年起，中国的天文年历才最终走上正轨，由紫金山天文台每年编算出版。从 1969 年起正式出版《中国天文年历》及其测绘专用版，此外还有《航海天文年历》和《航空天文年历》。1977 年起又由紫金山天文台与北京天文馆合作编印《天文普及年历》，专供普及天文知识及指导业余爱好者观测之用。

至此中国天文年历上基本完成了与国际接轨。

私人天文台之前世今生

官营传统和私人传统

中国古代是没有私人天文台的，因为中国非但没有这个传统，而且几千年来"私习天文"都是要治罪的，所以只有官营传统。现代意义上的天文台——这里指的是天文学家从事科学探索活动的天文观测场所——在中国古代本来是不存在的（无论官营的还是私人的），不过如果只从"在台上有人观测天象"这个意义着眼，我们也可以将古代的"灵台"视为天文台的前身。

《诗经·大雅》有《灵台》一诗，歌咏周文王动用人海战术快速建起了灵台。不过孔颖达注疏时，引用公羊说，一则曰"非天子不得作灵台"，再则曰"诸侯卑，不得观天文，无灵台"，如果我们注意到当时姬昌还只是诸侯身份（"文王"是他儿子武王伐纣获胜改朝换代之后追封的名号），就不难意识到孔颖达实际上是在向读者指出：周文王建造灵台是一件"违法乱纪"的事情。

事实上，这些法纪都是后世儒家逐渐建构起来的。自从

286

汉代独尊儒术之后，"私习天文"一直是历朝历代反复重申的重罪，灵台也始终只限皇家才能拥有。直到明代晚期才放宽了对"私习天文"的限制，清代承之，民间才开始出现公开的天文学活动。尽管康熙曾对民间天文学家梅文鼎给予过很高的礼遇，但整个清代仍然没有出现过任何一个私人天文台。与梅文鼎齐名的民间天文学家王锡阐，为了观测天象，也只能夜间爬上自己的屋顶看看，充其量也就是摆弄个把简陋的小型仪器而已。

说来有趣，中国至今仍然保持着官营天文台的传统。中国现有三大天文台（在北京的国家天文台、在南京的紫金山天文台、在上海的上海天文台），都是由中国科学院直接管辖的"中央直属机关"，而非地方政府所属。此外分布在中国各地的天文台，绝大部分是上述三大天文台的下辖机构。其余零星的小天文台，基本上有其名而无其实，其中相对比较像样的是南京大学天文系的教学天文台，然而南京大学本身就是教育部直属高校——仍然是"中央直属机关"。

与中国的情形形成鲜明对照，在古希腊，以及在科学史上属于希腊直系后裔的欧洲，却长期保持着私人天文台的传统。公元前 2 世纪希帕恰斯（Hipparchus）在罗得岛（Rhodes）上的私人天文台，或许可以视为这一传统的最早证据。

近现代最著名的三座私人天文台

说到西方的私人天文台，近现代天文学史上有三座特别著

名的，值得在这里谈一谈。这三座私人天文台不仅都已青史留名，我们还可以从中略窥私人天文台到底可以在天文学上有些什么作为。

第一座是 17 世纪但泽（即今波兰格但斯克）富商海维留斯（J. Hevelius，1611—1687 年）的。它的观测台横亘在三幢相连的房屋顶上，上面安装了多种大型观测仪器。这座天文台被认为是当时欧洲最优秀的天文台—— 16 世纪第谷在丹麦汶岛上的天文台当然规模和建筑都远远过之，但一者那是"皇家"的天文台，二者第谷死后早已人去楼空，三者第谷的天文台上还没有望远镜。

关于海维留斯的天文台，至少有两幅非常著名的图流传后世。一幅是他和他的第二任妻子伊丽莎白一起用"纪限仪"夜观天象；另一幅是他天文台上那架著名的悬吊式长焦距折射望远镜。前一幅图是如此著名，以致被《剑桥插图天文学史》选作内封的封面图案，图中的那架"纪限仪"正是第谷发明的仪器，用来直接测量任意两个天体之间的角距。海维留斯那架悬吊式长焦距折射望远镜，则是在望远镜发展史上有一席之地的"名镜"。尽管海维留斯对于在天体测量中使用望远镜抱有偏见（他一直拒绝将望远镜装置在测量仪器上，只使用望远镜观测天体表面），他仍被认为是那个时代最重要的天文观测者之一。不幸的是，他的天文台在 1679 年毁于大火。

欧洲第二座著名私人天文台的出现，已经是两百年后了。1882 年，法国的弗拉马利翁（C. Flammarion）建立了他的私

Fig. M.

海维留斯及其妻子夜观天象

海维留斯用其悬吊式长焦距折射望远镜进行天文观测

人天文台。弗拉马利翁是当时著名的科学作家，他的三卷本
《大众天文学》(*Astronomie populaire*)，即使在中国也脍炙人
口，更不用说在法国了。弗氏还发起成立法国天文学会，自任
首任会长，他又主编《法国天文学会会刊》，又自办《天文学》
(*Astronomie*)杂志，当真是活力四射。仿佛冥冥中追踪前贤海
维留斯的脚步，弗氏的第二任妻子也是一位天文学家。

弗氏在他的天文台上，进行了大量当时红极一时的火星
观测——当时许多人相信火星上有高等文明所开掘的"运河"。
弗氏在他办的《天文学》杂志上著文宣称，他的天文台观测到
了火星上有60余条"运河"和不下20条的"双运河"，并表

示"我完全确信我所观测到的"。1892 年弗氏出版了他的《火星和它适宜居住的环境》第一卷。他对此事的兴趣长期持续，1909 年又出版了此书的第二卷。

对火星的观测热潮又从欧洲席卷到北美大陆，财大气粗的美国暴发户们理应能够支持一座私人天文台，这样的天文台果然很快就出现了。1894 年，洛韦尔（P. Lowell）凭借家族的雄厚财力，在亚利桑那的旗杆镇建立了他的私人天文台，并自任台长，全力投入火星观测的热潮中。洛韦尔还在杂志上高调发表《建台宣言》，其中宣称：他的天文台的主要目标是研究我们的太阳系，但他又表示他还有更大的抱负，因为他坚信"我们所居住的这颗太空海洋中的小星球，不会是宇宙中拥有智慧生命的唯一运载工具"。

尽管专业天文学家有点看不上洛韦尔，他《建台宣言》中的一些说法也受到批评，但这丝毫没有打击这位超级"民科"的勇气和信心，他第二年就出版了专著《火星》（Mars），主张火星上有大气、云、水，很可能有高级智慧生物。令专业天文学家非常恼火的是，《火星》一出版就成了科学畅销书，他们那些有时尖酸刻薄的批评完全阻挡不了洛韦尔的声名远播。洛韦尔再接再厉，1906 年又出版《火星和它的运河》（Mars and Its Canals），1908 年再出版《作为生命居所的火星》（Mars as the Abode of Life）。

虽然洛韦尔的许多结论后来都被证明是错的，但《剑桥插图天文学史》仍然不得不承认"他的工作有深远影响"，作者

还认为洛韦尔天文台的其他一些工作导致了冥王星的发现，而且对 20 世纪的观测宇宙学也有重要贡献。洛韦尔最终还是青史留名了。

今天，拥有一座私人天文台可能吗？

中国自古缺乏私人天文台的传统和土壤，我虽然是学天体物理专业出身，也有一架相当专业的小望远镜，但在写这篇文章之前，从来没有对私人天文台问题发生过兴趣。不过现在从网上初步得到的信息来看，国内已经有人真的开始考虑这个问题了。这里姑且以我个人见闻所及，提供一点初步意见。

20 世纪 90 年代我去韩国访问，曾受邀到汉城大学天文系主任罗逸星——真是个注定要当天文系主任的名字——教授家中做客，他家中就有一座小型私人天文台。因为是白天去的，对它的夜间观测环境难以判断，估计不会太好，因为现代大都市周边的光污染通常都难以避免。台上最主要的设备是一具相当大的专业望远镜，记忆中好像是 40 厘米口径，当然也配备有转仪钟等辅助设备。考虑到中国此后经历了近二十年的高速经济增长，今天如欲建设罗教授家中那样的小型私人天文台，对相当一部分中国人来说，钱已经不是问题，关键要看他对天文学热爱到什么程度了。

图书在版编目(CIP)数据

科学外史.Ⅱ/江晓原著.—上海:上海人民出
版社,2019
ISBN 978 - 7 - 208 - 15661 - 6

Ⅰ.①科…　Ⅱ.①江…　Ⅲ.①科学知识-普及读物
Ⅳ.①Z228

中国版本图书馆 CIP 数据核字(2019)第 004266 号

责任编辑　范　晶
装帧设计　范昊如　夏　雪等

科学外史 Ⅱ

江晓原　著

出　　版　上海人民出版社
　　　　　 (200001　上海福建中路 193 号)
发　　行　上海人民出版社发行中心
印　　刷　上海盛通时代印刷有限公司
开　　本　889×1194　1/32
印　　张　9.5
插　　页　6
字　　数　183,000
版　　次　2019 年 4 月第 1 版
印　　次　2019 年 4 月第 1 次印刷
ISBN 978 - 7 - 208 - 15661 - 6/K · 2810
定　　价　58.00 元